Renate von Rosenberg

Wasserspiele und Gedankenblüten
Menschliches mit Humor betrachtet

Renate von Rosenberg

Wasserspiele und Gedankenblüten

Menschliches mit Humor betrachtet

Rediroma-Verlag

Bibliografische Information der Deutschen Nationalbibliothek:
Die Deutsche Nationalbibliothek verzeichnet diese Publikation in der Deutschen Nationalbibliografie; detaillierte bibliografische Daten sind im Internet über http://portal.dnb.de abrufbar.

ISBN 978-3-98885-387-5

Foto auf der Umschlagrückseite: Ebba Dangschat

www.rediroma-verlag.de
9,95 Euro (D)

Inhalt

Wasserspiele

Ein kleines Kind am Brunnenrand
fragt sich mit kleinem Sachverstand,
woher denn so das Wasser steige,
sich in Fontänen wieder neige.
Der Beckenrand wird nass und blasser.
Die Sonne spiegelt sich im Wasser.

Das glitzert hundertfach im Flimmern,
stürzt leise ohne jedes Wimmern,
steigt auf zu wahrer Kunstfontäne,
zerfällt in tausendfache Träne
aus Höhe bis hinab zum Rest. –
Fürs Auge lockt das reinste Fest.

Das Spiel des Wassers, wie ein Leben,
das will aus Ursprung sich erheben,
von Kindheit bis ins hohe Alter
zum Lichte, wie der Flug der Falter,
um zu erreichen den Zenit,
und nimmt auch alle Zeiten mit.

Wann ist man älter, wann ist man alt?

Wer sechzig Jahre alt geworden ist, gehört nun zur älteren Generation. Er hat nicht nur einen runden Geburtstag gefeiert, er beginnt auch, sich Gedanken über das Alter zu machen. In jüngeren Jahren hat man das nie getan. Da stand das Leben prall zum Anpacken bereit. Nun spürt man schon an den eigenen Gelenken, dass mehr Langsamkeit geboten ist. Was zu erringen gewesen war, ist erreicht. Man muss nicht mehr um Karriere kämpfen. Also gewinnt man endlich Zeit und weiß plötzlich das wahre Ziel: Man befindet sich auf dem Weg vom Ich zum Du. Was gibt es dabei nicht alles zu entdecken!

Wenn wir Zwänge wie Familie und Berufsfindung abgeschüttelt haben, begegnet uns in vielseitiger Form der Spieltrieb. Plötzlich interessiert uns das menschliche Gegenüber. Freier vom eigenen Ego zu sein, eröffnet neue Beziehungen. Was etwa der andere denkt, erwägen auch wir. Vielleicht geht er ebenfalls gern spazieren, liebt Hunde, spielt Schach, pflegt ein Hobby. Nicht mehr wie zu Jugendzeiten müssen die Besseren die Besten sein. Auch Mängel, sogar Fehler dürfen wir uns eingestehen. Unsere Selbstachtung hat sich am Widerstand entwickelt. Schon ist das Gegenüber in seiner Vielfalt zu erforschen. Da Fehlentscheidungen uns vorsichtiger gemacht haben, setzt Vertrauen auch die Fähigkeit zu Misstrauen voraus.

Was die äußere Erscheinung betrifft, so hadern Frauen mehr als Männer mit dem Älterwerden. Denn besonders sie sind lange Opfer des Jugendwahns gewesen. Jung und schön – das gehört zusammen. Selbst wenn viele Jahre ein altes Frauengesicht zeichnen, finden sich darin noch Spuren von vergangenem Liebreiz. Manche Falten zeugen vom Meißel des Alters, feine in den Augenwinkeln verraten freundliche Güte. Hingegen wirken Gesichter alter Männer eher markant. In ihnen spiegeln sich Wünsche, Gedanken und Geschichte. Eine erkennbare Würde lässt dem Geheimnis Raum.

Wer das achtzigste Lebensjahr erreicht hat, staunt, wie schnell die Zeit vergeht. Für ein junges Mädchen, das seinem Abschlussball und dem heimlich Geliebten entgegenfiebert, dauert sie ewig. Der Mensch kann lernen bis ins hohe Alter. Er kann Spuren hinterlassen, seien sie gegenständlicher, leiblicher oder geistiger Natur. Er kann lachen und sich freuen, wenn er dem Kummer und Frust ein Schnippchen schlägt mit dem sparsamsten Hilfsmittel aller Zeiten, dem Humor. Auf geht's!

Arme sind zum Drücken da

Was wären wir ohne unsere Arme? Wir könnten uns nirgends festhalten, einen Sack heben oder jemandem von Weitem grüßen. Ohne sie hätten wir auch keine Hände. Die Wissenschaft erwägt, ob die Arme noch potenzielle Überbleibsel einer sehr langen Entwicklungsgeschichte sind, als wir womöglich noch Vierfüßler waren.

Der Aufschwung am Barren etwa ist dem Kraftakt der Arme zu danken. Nur mit den Armen kann man zulangen sei es bei guten Gelegenheiten oder hinlangen beim Boxen. Wer einen anderen auf den Arm nimmt, jagt ihn ins Bockshorn. Viel besser ist es, ihn oder sie in den Arm zu nehmen. Umarmungen sind der zärtlichste Liebesbeweis.

Junge Menschen im Wachstumsalter zeigen sich manchmal linkisch. Sie wissen oft nicht, wohin mit den Armen. Durch deren äußerst komplexen Aufbau besitzen sie am Körper die größte Bewegungsfreiheit. Die Geschicklichkeit der menschlichen Greifwerkzeuge ist jedoch nicht zu verwechseln mit der von Fangarmen der Tintenfische.

Was nicht im Guiness-Buch der Erfolge steht: Auch Flüsse haben Arme, wenn sie sich verzweigen oder ins Meer fließen. Eine japanische Autofirma stattet ihre Automarken mit Armbuchsen aus. Spricht man vom „langen Arm des Gesetzes“, bedient sich sogar die Justiz unserer oberen

Extremitäten. Unschuldig, wie sie sind, balancieren sie ja nur beim beherzten Ausschreiten die Bewegungen der Beine und federn beim Joggen die Auf- und Ab-Bewegungen des Körpers ab.

Dass Arme auch Beine haben, steht außer Frage. Man muss ihnen nur ganz wörtlich und schnell unter die Arme greifen.

Augen – liebe Fensterlein

Das Wichtigste im Gesicht sind die Augen. Sie erfassen in Sekundenschnelle das menschliche Gegenüber, welchen Geschlechts es ist, wie es aussieht, was es möglicherweise im Sinn hat, auch wie das Umfeld erscheint. Diese Kurzinformation des Gehirns dauert nur einen Augenblick.

Der Blick der Augen – manch ein Jüngling schmilzt dahin, wenn er Glück bei der Verehrten hat. Das Spiel mit den Augen, das kleine Geplänkel kann Auftakt für große Gefühle sein. Doch sagt die Betreffende ab, schließen sich die schützenden Lider, fällt die Klappe. Da hilft auch kein Äugeln mehr. Da ist der Augenblick endgültig vorbei.

„Nur einen Augenblick", wird um Geduld gebeten. Dieser Augenblick ist der Zeit unterworfen. Manchmal dauert sie zwei Minuten, manchmal zwei Stunden. In den Wartezimmern der Arztpraxen muss man immer mit Zeit rechnen. Dann kann man ausführlich die ausgelegten Illustrierten in Augenschein nehmen. Vor zig Jahrhunderten bekämpften sich zwei wackere Krieger Aug' in Auge und raubten sich gegenseitig Zahn um Zahn. Dieses Kapitel ist für die Menschheitsgeschichte wenig interessant. Manchmal trügt ja ein schöner Schein. Zum Beispiel, wenn ein Urlaub weniger reizvoll ausfällt, als man ihn sich vorgestellt hat. Das kann auch auf die Partnersuche zutreffen, wie Wilhelm Busch meint: „Drum prüfe, wer sich ewig bindet…“

Wer anlässlich eines Umzugs Bilder aufhängt, darf sich auf sein Augenmaß verlassen. Denn das sagt ihm auf den Millimeter, ob ein Rahmen schief hängt. Wer mit Augenmaß an eine Entscheidung herangeht, übereilt nichts. Auch hier gilt in übertragenem Sinne: Wache Augen messen genau.

Das Licht, das Augenlicht gilt es möglichst lang zu erhalten. Es steht für das Leben selbst. Die Welt in all ihren Farben, in ihrer Bewegung zu erkennen, grenzt immer wieder an ein Wunder. In unseren Träumen, die ja das Werk der Augen verarbeiten, spiegelt sich alles noch einmal. Wenn das Auge bricht, das Licht erlischt, müssen wir Abschied nehmen. „To die, to sleep, perchance to dream…“, zitiert Hamlet in seinem großen Monolog. Die Träume, die uns bleiben, „… im unentdeckten Land, von dessen Quell kein Reisender wieder kehrt…“

Auweia – ein Fehler!

Fehler jeglicher Art sind dazu da, korrigiert zu werden. Fehler können unterlaufen, wiewohl man sich fragt, wo drunter sie laufen. Wenn sie begangen wurden, hat man sie wohl getreten. Auftreten, sogar fehlgehen können sie selbst, sich sogar anstreichen lassen. Meistens zeigen sie sich zuerst einmal solo. In doppelter Gesellschaft fallen sie stärker ins Auge. In Mathematikarbeiten der gymnasialen Oberstufe etwa wimmeln sie geradezu. Politiker können über Fehler auch stolpern.

Dem Fehler selbst fehlt eigentlich nichts, außer dass er falsch, also nicht richtig ist. Wenn etwas fehlt, ist es einfach nicht da. Eine Verfehlung ist wie ein Fleck in der Bilderbuchlandschaft guter Erziehung. Wundersamer Weise kann man auch ein Ziel verfehlen oder sich schlicht in der Richtung irren. Ein Chef, der einen Befehl erteilt, übt sich im Befehlen. Der Fehler liegt hier nicht etwa in der Groß- oder Kleinschreibung. Er schließt von vorne herein den Widerspruch aus. In Männerclubs wie der Armee kommt man sonst nicht weiter.

So wenig Sympathie solch ein „Übeltäter“ hervorruft – einen Pluspunkt besitzt er doch: Wenn glasklar, ist ein Fehler zu durchschauen. Wenn man ihn folglich vermeidet, ist er einfach nicht mehr da. Gott befohlen!

Das Gedächtnis schläft nicht

Es gibt ein Lang- und ein Kurzzeit-Gedächtnis. Letzteres macht sich mit zunehmenden Jahren rar. Manch einer ist stolz auf sein Zahlengedächtnis und weiß etliche Telefonnummern auswendig. Eine andere benutzt längst verblasste Farben als Gedächtnisstütze. Ohne Gedächtnis gäbe es auch keine Erinnerung. Sozusagen am Straßenrand eines langen Lebens stehen in gewissen Abständen dessen Meilensteine. Hochzeitstage, Jubiläen oder Begräbnisse sind im Großhirn fest eingegraben. Um weniger Spektakuläres zurück ins Bewusstsein zu holen, bedarf es einiger Stützen.

Wenn wir dieses oder jenes vergessen haben, spielt uns das Gedächtnis wieder einmal einen Streich. Es kommt darauf an, wie wichtig oder unwichtig das Vergessene war. Unglaublich, wie viele Sinneseindrücke aller Art im Kopf und sogar vor Augen und Ohren wieder auferstehen können! Das Gedächtnis ist ein wahres Sammelsurium. Es bedarf nur eines kurzen Anreizes – schon steht uns die Szene wieder vor Augen. Wir haben die Gedächtnisbrücke betreten.

Die Grundformen der Wissenschaft, Lesen, Schreiben, Rechnen, fremde Sprachen – alles, was wir gelernt haben, verdanken wir unserem Gedächtnis. Manche können es sogar trainieren. Kalendernotizen oder Tagebücher halten Erlebtes schriftlich fest. Das Gehirn aber schreibt buchstäblich in Geheimschrift. Ein vor Jahren zufällig vergessener Schal taucht bildlich wieder auf, weil nach einer Einladung einer der Gäste gerade seinen Schal hat liegen lassen. Vielleicht hat damals ein schmerzliches Erlebnis stattgefunden. Verletzungen der Seele sitzen tief.

Aber auch freudige Ereignisse aus der Vergangenheit drängen sich wieder auf, wenn das Gedächtnis einen Luftsprung macht. Erinnerungen an die eigene Kindheit, vielleicht an lustige Streiche, laufen als Film vor dem inneren Auge ab.

Wörtlich beinhaltet das Gedächtnis Gedanken, was wir uns denken, gedacht oder worüber wir nachgedacht haben. Je einfacher, umso besser. Man muss doch nicht gleich Philosoph sein. Oder was haben Sie sonst noch vergessen?

Der erste und der letzte Zahn

Nicht lange nach dem dritten Lebensmonat wächst dem Neugeborenen der erste Zahn, alsbald gefolgt von weiteren Zähnchen. Mit einem Jahr besitzt der menschliche Neuankömmling sein Milchgebiss. Denn nun liegt er nicht mehr seiner Mutter an der Brust, sondern lässt sich mannigfachen Brei bestens schmecken. Haben seine Beißerchen erst die volle Zahl von zwanzig erreicht, ist kein Stück Hackfleisch mehr vor ihm sicher. An Holz muss er ja nicht nagen.

Um sein sechstes Jahr herum fällt ihm der erste weiße Schmuck aus dem Mund. Doch schon schieben sich die zweiten Zähne kraftvoll durch den Kiefer. Als jugendlicher Mensch lässt er die neue Pracht blitzen. Dann sieht sein Lächeln gleich freundlicher aus. Die Zähne fletscht er nur, wenn er bei einem Gegner seinen Willen durchsetzen möchte. Nun besitzt er ja ein richtiges Gebiss, das ordentlich zubeißen kann.

Nach weiteren zig Jahren zeigen die Helfer im Mund beim Kauen schon erste Ermüdungserscheinungen. Ein Zahn nach dem anderen gerät ins Wanken und Wackeln, verlässt schließlich die heimische Stätte. Schon längst verbringt der Alternde Stunden an Zeit beim Zahnarzt. Mit Bohren, Auffüllen und Brücken rettet dieser den brüchigen Rest der Stummel. Schließlich schlägt auch dem letzten Zahn die

Stunde. Und schon hat eine Zange dies Denkmal der Jugend geschleift: Im Spiegel ein zahnloses Lächeln. Nun setzt der Dentist all seine Kunst daran, „die Dritten“ artgerecht zu gestalten. Beim Blick in den Spiegel fühlt sich der Mensch schon sichtlich verjüngt.

Doch nun muss er seine Zeit damit verbringen, die neue Pracht im Mund auch zu befestigen. Ohne Klebstoff aus der Tube geht nichts mehr. Sonst purzeln die Brücken durcheinander. Für einen Redner nachgerade peinlich , wenn das Gebiss ihm aus dem Mund fällt. Noch peinlicher, wenn er es zu Hause vergessen hat.

Da hilft nur ein reinliches Taschentuch oder die frühere Maske gegen Corona. Wer über die Zähne des Alters spottet, sollte sie erst einmal selbst verlieren. Zeit zum erinnern und nachdenken. Wenn der Zahn der Zeit an den Dingen nagt – wieso nicht auch an den Menschen? Das ist kein Wunder -- schon gar keine Schande.

Die Macht der Gewohnheit

Ein Tag wie der andere, immer das Gleiche, jeder Handgriff vorgezeichnet -- die Gewohnheit hat alles eingerahmt. Mitunter die pure Langeweile! Wer so sein Leben verbringt, wagt zumindest kein Risiko. Manchmal wird das Gleichmaß der Dinge auch vorgeschrieben, wenn es zum Beispiel um stabile Finanzen oder im Verlauf der Jahre um physische Sicherheit geht.

Immer dort, wo viele alte Menschen unter einem Dach leben, gelten feste Regeln. Das betrifft zum Beispiel die Essenszeiten. Sie sind das Korsett eines Tagesablaufs. Wer nach acht Uhr morgens zum Frühstück erscheint, muss mit dem Vorlieb nehmen, was übrig geblieben ist. Bei der Auswahl von zwei Gerichten des Mittagessens entscheidet der persönliche Geschmack. Da fällt die Wahl nicht immer leicht. Ausschlag gibt hier jedoch die Notwendigkeit, zu überleben.

Auch im Zusammensein von Menschen in Familie und Beruf macht sich Gewohnheit breit. Nehmen wir nur langfristige Eheleute oder Kinder, die schließlich eine andere Umgebung suchen. Denn das alltägliche Einerlei kann auch Fesseln anlegen. Dazu gehören etwa religiöse Bräuche, Angewohnheiten oder Macken der Altvorderen, die junge Menschen abschütteln möchten. (Das wiederholte Nachzählen von Gegenständen beispielsweise, um sicher zu gehen, dass die Anzahl stimmt.) Den Alten hingegen dienen jegliche Gepflogenheiten als Stütze zur Bewältigung ihres begrenzten Alltags.

Da jedoch der Mensch als Homo sapiens, um Neues zu entdecken, über den Tellerrand blicken möchte, lockt es ihn, vor jeglichen Dauerzuständen innerlich auszubüxen. Von diesem Drang nach Zukunft lebt sogar die Forschung.

Was wir lieben, was wir gelernt haben, was wir können, wird von Gewohnheiten ummantelt. Das eigene Zuhause erscheint da als sicherster Ort. Der Sprung ins kalte Wasser ist nicht jedermanns Sache.

Im Verlauf eines langen Lebens werden dann lästige wieder zu lieben Gewohnheiten. Plötzlich gestalten sich eigene Ansichten, sogar auch das Tragen der Jahre alten „Bux“ oder ausgeleierter Pullover zu höchst persönlichen Ritualen. Sogar echte Spleene feiern ein Comeback.

Nicht nur unsere vierbeinigen und geflügelten Mitbewohner auf dieser Erde, auch der Mensch ist ein Gewohnheitstier – allerdings mit Köpfchen.

Eifersucht weckt Fähigkeiten

„Eifersucht ist eine Leidenschaft, die mit Eifer sucht, was Leiden schafft." Das beginnt bei jüngsten Geschwistern und endet bestenfalls im gemeinsamen Alter. Mit zunehmenden Jahren versteckt sich dieser missgünstige Charakterzug hinter scheinbarer Duldsamkeit. Wer immer nur auf seinem Recht beharrt, langweilt irgendwann auch seine Zuhörer. Klüger also, kleiner beigeben! Das geschieht, um besser mit einander auszukommen.

Wenn Kinder Neid empfinden, sind sie ehrlich. Als kleine Egozentriker halten sie mit ihren Wünschen nicht hinterm Berg. Was der ältere Bruder oder die jüngere Schwester mehr bekommt an Geschenken, Zuwendungen, vor allem an Liebe und Aufmerksamkeit, das möchte das andere Geschwister auch erhalten. Wenn das nicht gut genug gelingt, rächt es sich vielleicht.

Eifersucht zeigt jedoch auch eine gute Seite. Denn Neid stachelt die eigenen Fähigkeiten an. Man möchte ebenso viel erreichen, wie der Hans im Glück. Durch solcherart hervor gerufener Fleiß überflügelt mitunter die Möglichkeiten des Beneideten. Und das kann durchaus mit rechten Dingen zugehen.

Die einfachste Art, sich von Eifersucht zu befreien, liegt darin, sich selber mehr zu schätzen und Minderwertigkeitskomplexe aufzugeben. Man ist doch selber wer! Man wird sogar gelobt. Schließlich richten öftere Erfolge, seien sie noch unbedeutend, das Gemüt so auf, dass vor der eigenen inneren Statur der Neid in sich zusammenfällt.

Eine Niere kommt zum Tee

Denn heute lockt sie ein Brennnesseltee vom Feinsten. Und weil von den beiden Nieren die eine gern Obst nascht, bekommt sie noch Bananen und Weintrauben dazu. Die andere begnügt sich derweil mit einem zweiten Liter Wasser pro Tag zum Durchspülen. Wobei wir bereits bei deren eigentlicher Aufgabe sind.

Die Nieren regeln den Flüssigkeitshaushalt im Körper und filtern Giftstoffe aus dem Blut. Was sie nicht lieben, sind Nikotin, Trockenfrüchte sowie zu viel Salz oder Zucker in der Nahrung. Auch reagieren sie gereizt auf Übergewicht und Stress. Beide lieben hingegen Wärme und kuscheln sich unterm Heizkissen. Wenn Flauschsocken und gefütterte Stiefel im Winter für warme Füße sorgen, danken es ihnen auch herzlich die Nieren.

Im Mittelalter galten sie als Sitz der Lebenskraft. Die Bibel billigte ihnen sogar Gefühle und Weisheit zu. Seit Menschengedenken hält man sie für empfindsam, ehrlich und zuverlässig. Wenn jemandem etwas an die Nieren geht, hat es mit Pech, Unrecht oder Schicksal zu tun. Auch Kummer kann an den Nieren fressen. Wer auf Herz und Nieren geprüft wird, beweist, dass er es mit der Wahrheit ernst meint. Wird er vom Arzt an diesen Organen gründlich untersucht, kann er sich über ein positives Ergebnis nur freuen. In einem Betrieb werden neue

Angestellte in gewisser Position zuerst vom Personalchef auf Herz und Nieren geprüft. Geht sein Daumen hoch, Gratulation und feineres Konto! Wie die Bibel verrät, prüft auch Gott diese großartigen körperlichen Motoren, der Mensch eher den Geldbeutel.

Kommen wir abschließend noch auf einen Wort-Gleichlaut wie die Manieren. Natürlich haben diese mit den wichtigen Körperteilen im Menschen nichts zu tun, wohl aber mit dessen Höflichkeit. Gute Manieren sind die Grundlage für Selbstvertrauen und Rücksichtnahme. Der amerikanische Philosoph Ralph Waldo Emerson hegte den Verdacht, sie bestünden aus lauter kleinen Opfern.

Ein Mensch mit schlechten Manieren umrundet rumsbums die guten Umgangsformen. Da kann man nur schlucken. Da hilft auch kein Brennnesseltee.

Fleiß kontra Faulheit

In seinem Studierzimmer erklärt Goethes Faust Mephisto: „Werd‘ ich beruhigt je mich auf mein Faulbett legen, so sei es gleich um mich getan…“ Mit dieser Wette gibt er sich in die Hand des Bösen. Obwohl kaum zu glauben ist, dass Doktor Faustus besonders fleißig gewesen wäre, gilt er auch nicht als besonders faul. Das so genannte Bett spielt dabei keine Rolle.

Menschlicher Fleiß steht als charakterliche Eigenschaft für ein strebsames, unermüdliches Arbeiten, für Lernbereitschaft und Zielstrebigkeit. Ein solch erfreulicher Wesenszug kann auch daher rühren, dass man als Kind und Jugendlicher von straffer Hand zu eben diesem eifrigen Bemühen erzogen wurde. Fleißige Menschen erweisen sich als emsig und tüchtig, tatkräftig, sogar produktiv. Wo es Probleme gibt, packen sie mit an, ohne sogleich an Lob und Lohn zu denken.

Anders jedoch der Tatbestand: „Am Abend wird der Faule fleißig.“ Auf die Tageszeit kommt es hier nicht an, vielmehr auf die menschliche Bequemlichkeit, ein Faulbett gemütlicher zu finden als beispielsweise einen Straßenbelag. Kurz vor Nachmittag springt solch Faulpelz aus den Federn, um das notwendige Tagwerk eben noch zu verrichten. Dass er beileibe nicht einer der Fleißigsten ist, sieht man ihm nicht an.

Sogar Gotthold Ephraim Lessing formuliert in seinem Gedicht „Lob der Faulheit“, dass seine eigene Faulheit ihn selbst daran hindert, ihr ein Lob zu singen. (Im Zweifel für die Angeklagte.) Das einzig Positive, das man der Faulheit zubilligen könnte: Notwendigkeiten und Sachverhalte so gründlich zu hinterfragen und zu überlegen, bis man – gähn -- darüber schließlich einschläft. Träum‘ auch recht schön!

Gewöhnung an die neue Wohnung

„Wo man singt, da lass getrost dich nieder." Wer nach solcher Devise eine für ihn passende Wohnung gefunden hat, kann endlich zufrieden sein. Denn nun wohnt er in eigenen oder gemieteten vier Wänden. Unsere Wohnung dient als Refugium, in dem wir ohne größeren Zwang schalten und walten können. Zusammen mit der Einrichtung haben wir auch gleich unsere Gewohnheiten mitgebracht. Die sind ein Teil unserer Persönlichkeit und finden sich in allen Ecken und Schränken, sind stabiler als das Mobiliar.

Äußerlich gesehen, beginnt das bei ordentlichen Mitbürgern schon vor der Eingangstür. Da erinnert am Fußboden die Matte: „Haxen abkratzen". Wenn in einer Familie die erwachsenen Kinder ausgezogen sind, bleiben die Eltern zurück im Umfeld fester Riten und Gewohnheiten. Vor denen sind die Jungen ja geflüchtet und haben ihre eigenen gleich mit genommen.

Wer sich in einem Mietshaus etwa an die neue Umgebung gewöhnt hat, fühlt sich gleich wohler. Mit der Gewöhnung ist das allerdings trotzdem so eine Sache. Da gibt es neue Nachbarn, die auch ihre Gewohnheiten haben, zum Beispiel dröhnend die Sportnachrichten hören, auf Klavier oder Geige immer die gleichen Musikstücke üben. Vielleicht trainiert eine Sängerin ihren Sopran von Tonleiter zu

Tonleiter. Wenn einen Stock tiefer das Hündchen kläfft, weiß man, der Ehemann ist wieder nach Hause gekommen.

Nicht immer erfreulich sind manche Ansichten, die für gewöhnlich gelten, zum Beispiel, dass sich Frau X. anscheinend nie wäscht oder Herr Y. viel zu alt ist für seine neue Braut. Gewohntes wird akzeptiert, Gewöhnliches nicht.

Und doch gilt es, ein Hoch auf Gewöhnungen anzustimmen, selbst wenn Ansprüche zurück genommen werden müssen. Die Einsicht, dass bei veränderten Lebensbedingungen die vorhandenen Möglichkeiten der jeweiligen Situation entsprechen sollten, stärkt den Mut und erleichtert das Leben.

Glückspilz oder Pechvogel

Pilze sind Sporengewächse. Sie gedeihen auf Wiesen, in Wäldern, sogar an Baumstämmen. Es gibt sie in den unterschiedlichsten Formen, die als Champignons, Pfifferlinge, Birken-, Stein- oder Fliegenpilze ins Auge fallen. Einen Glückspilz wird man in der freien Natur nicht finden, es sei denn, man sucht ihn beim Menschen. Doch wie sieht der aus, woran erkennt man ihn? Vielleicht an seinem Erfolg?

Ein solcher weiß manchmal gar nicht, dass er vom Schicksal zum Glückspilz auserkoren wurde. Erst dann, wenn Er die richtige Frau, Sie den richtigen Mann gefunden hat, wenn ein gehöriger Batzen als Lottogewinn auf dem Tisch liegt oder wenn beim Nachbarn, aber nicht bei ihm selbst eingebrochen wurde. Der glücklichen Augenblicke gibt es viele. Manche sind für Menschen wahrhaft beglückend.

Gegenteilig gestrickt zum Glückspilz ist ein Pechvogel, allerdings ohne Gefieder. Denn solch schützende Hülle fehlt diesem Betroffenen. Der Ärmste hat leider nur wenig Glück, zumindest vermag er kaum, es wahrzunehmen. Denn er ist geradezu auf Pech und miese Situationen eingestellt. Um es auf die Spitze zu treiben: Er könnte doch froh sein, wenn er sich beim Stolpern anstatt beider Beine nur ein Bein gebrochen hat. Der Glücklichere hingegen wird beim Hüpfen einen Schritt vorwärts kommen.

Niemand ist jedoch ein Glückspilz auf Dauer. Ebenso kann selbst die stärkste Fußballmannschaft nicht immer gewinnen. In manchen Augenblicken liegen Glück und Pech nahe beieinander. Unglück jedoch wiegt als Dauerbelastung weit schwerer. Da muss man schon kräftig schleppen.

Wenn selbst ein Pechvogel bisweilen das Glück hat, innerlich „die Flügel weit auszubreiten", kann er sich empor schwingen in der Gewissheit, das Unglück einfach zurück zu lassen. Dann kommt er dem Glückspilz schon näher. Die Zukunft winkt gern mit der Hoffnung.

Hals über Kopf

Auf dem Gerüst unseres Körpers sitzt oben als Chef der Kopf. Dadurch hat er praktisch sämtliche Funktionen unter sich, was nicht immer bedeuten kann, dass alle Glieder seinen Befehlen auch folgen. Bildlich veranschaulicht, lautet ein Spruch: „Der Mann, das ist der Kopf. Was er sagt muss geschehen. Die Frau, sie ist der Hals. Sie weiß den Kopf zu drehen." Sich Hals über Kopf zu verlieben, birgt mitunter das Risiko, dass die Liebe nur eine Stichflamme ist. Denn dieses Gefühl zu erwidern – dazu gehören zwei.

Auch wer mit dem Kopf durch die Wand geht, könnte mit seinem heftigen Durchsetzungswillen auf der Strecke bleiben. Denn dem Partner geht ebenso durch den Kopf, dass er auch noch ein Wörtchen mitzureden hat. Das wäre ja gelacht! Selbst wenn ihm das Wasser bis zum Hals steht, lässt er den Kopf nicht hängen.

Während Eulen ihren Hals um drei Viertel eines Kreises herumdrehen können, vermag der Mensch gerade noch, über seine Schulter zu schauen. Bei ihm kommt es immer wieder vor, dass sich die jeweilige Stimmungslage um hundert Prozent ändert. Heute tummeln sich noch Schmetterlinge im Bauch – schon morgen bleibt ein Frosch im Hals stecken. Nun ist unsere Kopfstütze zwar recht beweglich.

Den Hals aber herum drehen wie eine Eule, das geht nicht. Jedoch „Kopf hoch!“ – das gelingt.

Hamburg wünscht Moin Moin

Viele oder auch liebe Grüße wünscht man sich bei jedweden Gelegenheiten. Die Bandbreite von Grüßen ist unglaublich. Im Rahmen der Tageszeit wünscht man Guten Morgen, Guten Tag, Guten Abend und Gute Nacht. Für ein Mittagessen reichen Wünsche wie Guten Appetit oder Hunger, was ziemlich plump wirkt, oder auch nur „Mahlzeit“, was kantinenmäßig mehr auf die Künste des Kochs abzielt. In Hamburg klingelt der Postbote um Neun mit „Moin Moin“, Jugendliche rufen sich ein „Hallo“ zu, ein „Hey“ klingt schon forscher und mit einem „Grüezi“ beginnt unter Schweizern der Tag. Im Westen Süddeutschlands heißt es „Grüß Gott! Oder „Gott zum Gruß!“

„Sag mir zum Abschied leise Servus...“ flüstert ein Schlager. Die Österreicher lassen grüßen. Schweizer wiederum verabschieden sich mit „Pfiati“, „ Ciao“ oder „Tschau“. Auf Hamburgisch und weiter südlich bedeutet das wieder ein „Tschüß“, hinter dem sich möglicherweise rein sprachlich ein „A Dieu“ verbirgt. Ein Wiedersehen ist da wohl willkommen.

Briefe werden heute ja überwiegend gemailt. Sogar elektronisch endet ein Schluss „Mit vielen“ oder „freundlichen Grüßen“. Damit liegt man immer richtig. Sind es „beste“, „liebe“ oder sogar

„herzliche“ Grüße, klingen sie schon recht persönlich. Fast beleidigend endet ein Brief nur mit „Gruß“.

Da dieser aber eine aktive Handlung ist, eignet er sich bestens fürs Glückwünschen zum Geburtstag, Jubiläum, Geburt eines Kindes und zu persönlichen Erfolgen. Damit äußert man seine eigene freudige Anteilnahme an diesen Ereignissen. Also fällt dabei auch ein wenig Glück für den Gratulanten ab.

Höflichkeit öffnet Türen

Dass ein freundlicher Gruß erwidert wird, liegt auf der Hand. Erfolgt jedoch von anderer Seite nur Muffeln oder gar nichts, liegt etwas im Argen. Der vergeblich Gegrüßte ist verärgert, zumindest verschnupft. Über wen und was, könnte indessen ein Gespräch klären. Die freundliche Bitte wird er gewiss erfüllen, wenn vielleicht auch unwillig. Dann ist schon die Tür zu einer Verständigung geöffnet. Kleine Ärgernisse lassen sich so gut beseitigen.

Anders verhält es sich bei großen Auseinandersetzungen von Ländern, die ihre Spannungen auf dem Schlachtfeld austragen. Vorangegangen ist meistens eine Kriegserklärung. Brutale Überfälle berücksichtigen diese letzte Art von Höflichkeit nicht.

Eine höfliche Gesinnung des Herzens hat jedoch nicht nur mit Umgangsformen zu tun, die durch Erziehung erworben wurden. Sie entspringt einem inneren Bedürfnis nach Hilfeleistung und Zuwendung. Man rückt einem alten Menschen den Stuhl zurecht, man bietet einem Behinderten seinen Arm an oder nimmt einer beiderseits schwer schleppenden Frau eine Tasche ab.

Selbstverständlichkeiten solcher Art entstammen einer höfischen Kultur, in der sich besonders der Herr einer Dame gegenüber erkenntlich zeigte. Denn körperlich zählen Männer zum stärkeren

Geschlecht. Bei Frauen liegt die Stärke auf anderen Gebieten.

Die einfachste Art von Höflichkeit liegt darin, sich zu bedanken. Von den Engländern heißt es, zum Beispiel: „Man kann gar nicht genug Danke sagen." Das tut nicht weh und nützt sogar.

Horch, was kommt von draußen rein!

„Wird wohl mein Feinsliebchen sein“, singt ein Volkslied. Wie alle Säugetiere kann der Mensch mit Hilfe seiner Ohren hören. Neben den Augen zählen sie zu den wichtigsten Sinnesorganen. Sogar Pflanzen können Schallschwingungen wahrnehmen und reagieren mit weniger Krankheiten und gutem Wachstum, wenn man mit ihnen spricht. Beim Menschen erfolgt das Hören über das äußere, Mittel- und Innenohr. In letzterem befindet sich mit dem Gleichgewichtsorgan die spiralförmige Hörschnecke. Sie ist für die Wahrnehmung von Tonhöhen verantwortlich. Mit ihrer Hilfe gerät dass Hören zehn mal schneller als ein Wimpernschlag. Da kann die Kriechschnecke an Land nicht mithalten.

Die große Bedeutung des Hörens wird auch von der Sprache betont. Ob die Töne laut oder leise sind, nimmt das Gehör genau auf. Wenn andere etwas nicht hören sollen, wispern, tuscheln oder raunen wir. Brüllen verstärkt den Durchsetzungswillen. Je nach Gelegenheit hört man zu oder weg, horcht an der Wand, hört sich etwas an, wird hellhörig oder hört auf einen anderen. Schließlich kann uns viel gehören, wenn wir gehörig angeschafft haben.

Wie die Augen beim Sehen, tritt das Gehör paarig auf. Rechts und links am Kopf wächst kurz unter den Schläfen eine Ohrmuschel. Die kann niedlich klein, aber auch abstehend groß erscheinen. Bei Kälte fühlt sie sich unter einer dicken Mütze wohl. Frauen schmücken ihre Ohrläppchen gern mit etwas Glänzendem.

Sprüche über die Ohren beschreiben auch verschiedenste Situationen. Wer es faustdick hinter den Ohren hat, wird andere womöglich übers Ohr hauen. Wer anderen in den Ohren liegt, sollte selbst einmal die Ohren steif halten. Wer viel um die Ohren hat, wird sie auch spitzen. Und schließlich sollte sich jeder hinter die Ohren schreiben: Eine Ohrfeige ist kein Obst!

Jung und schön

Will man einer internationalen Werbelobby trauen, lassen sich für Frauen die Begriffe „jung“ und „schön“ selbst mit ansteigenden Jahren wunderbar verlängern. Für beide gibt es unzählige Hilfsmittel, die Jugend zu konservieren. Männer haben es nur bedingt nötig, diesen Idealen zu entsprechen. Denn bei ihnen kommt es hauptsächlich auf den Verstand an. Mit den Jahren stellt sich ein Gesinnungswechsel ein: Während man den ehemals schönsten Frauen ihr Alter nicht verzeiht, ist es für den männlichen Bedeutungsstandpunkt sogar förderlich. Gealterten Herren traut man Erfahrung und Entschlusskraft zu.

Für Frauen gilt dagegen die Aufgabe, kraft ihres Äußeren und möglichen Charmes als Ehepartnerin gesucht und gefunden zu werden und damit für den Nachwuchs der Menschheit zu sorgen. Die Pluspunkte Jugend und Schönheit erweisen sich hierbei als hilfreich. Denn eine Greisin, selbst mit oder ohne Verstand, bliebe sitzen.

Über Frauenschönheit haben sich in allen Zeiten die Dichter Gedanken gemacht und ihrer Bewunderung Ausdruck verliehen, ist sie doch der reinste Nährboden für Liebe. Was für ein Glück, dass jährlich überall immer wieder die niedlichsten Weibchen heranwachsen! Wer es noch nicht weiß: Die halten in ihren zarten Händen die Fäden zusammen und retten die Welt vor den härtesten, lieblosen Männern.

Wenn die, hoffentlich einmal, auch vor Liebe nicht gestorben sind, leben sie heute weit friedlicher.

Kleine und große Lügen

Münchhausen, bekannt als Lügenbaron, macht es uns vor, wenn er behauptet, sich am eigenen Schopf aus dem Sumpf gezogen zu haben. Wenn er dazu lächelnd die rechte Hand aufs Herz legt, schwindelt er nur und niemand wird ihm die kleine Lüge glauben. Er hat eben geflunkert und lässt so den eigenen Charme blitzen.

Auch wer sich in einer kritischen Situation nicht genau an die Wahrheit hält, wird meistens entschuldigt. Denn was er da behauptet, entspricht einer Notlüge. Die kommt einer verbesserten Wahrheit schon näher und wird sogar fürs erste geglaubt. Doch wer aus Not heraus lügt, ist immer in der schlechteren Position. Wird seine Behauptung widerlegt, kann er sich nur noch mit Ausreden rundherum heraus reden. Kleinere Notlügen werden schließlich verziehen.

Anders verhält es sich bei großen politischen oder privaten Lebenslügen. Sie können das Ruder des persönlichen Schicksals umwerfen. Denn plötzlich stimmt fast nichts mehr. Jedes Vertrauen geht in die Brüche. Der Mut geht verloren. Da hilft nur, der Wahrheit ins Auge zu blicken. Und langsam formt sich der Wille, mit ihr zu leben und womöglich das Missgeschick zu ändern.

Wenn man es aber nicht ändern kann, arrangiert man sich und bewahrt dabei seine eigene

Persönlichkeit. Mit der inneren Opposition kehrt auch der Mut zurück, das veränderte Leben so zu nehmen, wie es sich erweist. Nichts ist ewig, auch große Lügen nicht, kaum etwas veränderlicher, als das Leben selbst.

Fußball -- das Größte!

Europameisterschaft im Fußball: Nicht nur in Deutschland träumen die Fans davon. Sie reisen in Familien, Gruppen und Vereinen von Spiel zu Spiel, um allein diesen letzten, diesen einen Siegesschrei aus sich heraus zu lassen. Wer im Fernsehen das Spektakel mit ansieht, erlebt nur einen Bruchteil jeder nationalen Euphorie. Dabei offenbart der Bildschirm in Großformat den einem Vulkan gleichen, überwiegend männlichen Gefühlsausbruch.

Was ist dran an dieser phänomenalen Begeisterung? Was offenbart schließlich das Triumphgeschrei und Toben auf den Rängen, wenn der Ball ins gegnerische Tor fliegt? Ist es der ungehemmte Siegeswille? Wir befinden uns doch nicht in einer mittelalterlichen Schlacht! Vielleicht eher in einer stressbedingten Hysterie.

Denn die allgemeine, ständig zunehmende Spannung des Publikums muss sich entladen. Das Erlebnis, einer breiten Zuschauergruppe anzugehören und die eigene favorisierte Mannschaft erfolgreich anzufeuern, macht den Fußballprofi selbst zum Sieger. Gewinnen jedoch die gegnerischen Spieler, weckt die Enttäuschung bei den Verlierern zugleich eine innere Gewaltbereitschaft. In der Luft liegen Gedanken an Revanche. Gelingt die jedoch nicht, trifft es die Enttäuschten wie einen persönlichen Schicksalsschlag.

Um derartigen, meist Männern innewohnenden Gefühlsattacken entgegen zu wirken, führten die alten Römer in der Arena „Brot und Spiele“ auf. Im Publikum, selbst nicht betroffen, galt der Kampf der Todgeweihten gegen wilde Tiere als spannendes Schauspiel. Unsere zivilisiertere Gesellschaft begnügt sich damit, von überdachten und teuer gehandelten Rängen aus schließlich froh und glücklich zu erleben, wie der Ball ins richtige Tor fliegt. Da es sich auf dem Platz schließlich nur um einen nationalsportlichen Austausch handelt, gehen die Zuschauer befriedigt nach Hause. Denn alle haben um den Fußball ihr Bestes gegeben.

Gut und schlecht

„Es gibt nichts Gutes, außer man tut es.“ Dieses Sprichwort beinhaltet sowohl eine negative, als auch eine positive Ansicht. Die Frage, „was ist gut?“– „was ist schlecht?“ kann Kopfzerbrechen bereiten. Denn Positives und Negatives liegen in ihrer Eindeutigkeit nicht immer klar auf der Hand. Dazwischen erstreckt sich bisweilen auch eine Grauzone.

Ob der Leser ein Buch gut oder schlecht findet, entscheidet er für sich persönlich. Bei Nahrungsmitteln wie bei Kleidung greift man lieber zu Qualität. Weder faules Obst noch fadenscheinige Klamotten sind gefragt. Im ethischen Bereich zählen großzügige, hilfsbereite und verständnisvolle Menschen zu den „Guten“, Geizhälse, Größenwahnsinnige und Egoisten jedoch zu den Ungeliebten. Deswegen müssen sie nicht unbedingt „schlecht“ sein. Wer als geizig gilt, ist vielleicht verarmt und kann niemanden mehr unterstützen. Die Werteskala ist hier vielschichtig.

Verbrechen wie Totschlag oder Mord sind verabscheuungswürdig und nicht entschuldbar. Ein Dieb klaut nicht immer aus Neid oder um sich zu bereichern, häufig auch aus Notwendigkeit für seine Familie. Selbst die klügsten Tiere machen es nicht anders.

Wobei wir beim „Gutes-Tun“ sind und folglich jenseits der Benimmregeln beim „Schlechtes-Lassen“. Zum Glück gibt es als Richtungsweiser die staatlichen Gesetze, in der Bibel die Zehn Gebote. Ob man sich gut oder schlecht fühlt, bewirken Erfolg, plötzliche Erbschaft oder Armut und Krankheit. Gutes und Schlechtes tanzen uns auf der Nase herum. Ersteres, zumindest, ist nicht anrüchig.

Wie tickt die Zeit?

„Nimm dir Zeit und nicht das Leben!“ Auf den Autobahnen prangte in den fünfziger Jahren ein solches Werbeschild am letzten Wagen zahlreicher Lastzüge. Anschaulicher klingt: „Zeit hat man nur, wenn man sie sich nimmt.“ Sie ist in all ihren Facetten eine äußerst komplizierte Angelegenheit, nie gegenständlich zu sehen, sondern gedachte Herausforderung für himmelstürmende Gedankenflüge der größten Geister unserer Erde.

Weltweit beschäftigen sich unendlich viele Sprichwörter mit der Zeit, die zwar von der Uhr abzulesen, aber nicht im Mindesten greifbar ist. Lautlos bewegt sie sich aus der Vergangenheit in die Zukunft als Fluss von Stunden, Tagen und Jahren. Sie ist nie absolut, sondern relativ.

Der Physiker Albert Einstein (1879 – 1955) erkannte in seiner Relativitätstheorie, dass die Geschwindigkeit der Zeit von Bewegung und der Erdanziehungskraft abhängt. Je größer die Gravitation einer Masse, umso langsamer verrinnt die Zeit. Auf dem Mount Everest ticken die Uhren schneller als auf dem Grund des elftausend Meter tiefen Mariannengrabens im westlichen Pazifik. Auf dem Mond vergeht die Zeit rascher als auf der erheblich schwereren Sonne. Menschen sind zwar auf unserem kleineren Nachbarkometen gelandet, werden aber weder ihn noch die Sonne je bevölkern. Für den natürlichen Homo sapiens kaum fassbar: Raum und Zeit sind aufs Engste mit einander verbunden. Der „Zeitgeist“ hingegen, von dem Philosophen Gottfried Herder als Sammelbegriff für eine Epoche geprägt, erweist sich verständlicher. In der westlichen Welt kämpft er bis heute für sinnvolle Politik und Demokratie.

Doch bleiben wir bei unserer persönlichen Zeit, die uns aus frühester Kindheit ins Erwachsenenalter und schließlich bis ans Lebensende begleitet. Jeder dieser Abschnitte besitzt unser eigenstes Zeitempfinden. Während einem jungen Mädchen das Warten auf den Abschlussball schier unendlich lang erscheint, vergeht im Alter die Zeit wie im Fluge. Denn hier gibt es weniger Ereignisse und laufen immer mehr Vorgänge automatisch ab. Ein Tag gleicht dem anderen.

Wenn die Geduld als Tugend gilt, so entspringt die Ungeduld einer inneren Spannung. Sich in Geduld zu üben, bedeutet, unerfüllte Sehnsüchte und Wünsche einstweilig zurückzustellen. Die dafür benötigte Zeit wiederum lässt Raum, auf Schöneres zu hoffen. So begleiten die Begriffe Geduld und Hoffnung sinngerecht auch die Zeit. Bereits vor zweitausend Jahren stellte der römische Dichter Ovid optimistisch fest: „Was lange währt, wird endlich gut.“ Und sein ebenfalls römischer Kollege Horaz empfahl kurz und bündig: „Carpe diem! – Nutze den Tag!“ Auch Friedrich Schiller merkt dazu treffend an: „Wer nicht mit der Zeit geht, geht mit der Zeit." Entgegen den lateinischen Sprachen ist im Deutschen die Zeit weiblich. Stellt man sich die bildlich als perfekte Ballerina vor, so würde sie in kreisenden Ornamenten den unglaublichsten Spitzentanz aufführen. Elegante Leichtigkeit und schmerzhafte Schwere sind auch Attribute der Zeit. Geduldig lächelt die Hoffnung.

Kommt Zeit – kommt Rat

Alles Leben auf dieser Welt, sogar die Dinge, sind der Zeit unterworfen. Zwischen Anbeginn und Ewigkeit liegt sie als virtueller Raum. Einmal ist sie zu lang, einmal zu kurz. Sie selbst ordnet unser Leben in Hell und Dunkel, Tag und Nacht, in Morgen und Abend, Frühling, Sommer, Herbst und Winter. Zu jedem Jahreswechsel ändert sich die Zahl, mit der wir die Zeit nummerieren. Ihr Maß sind Sekunden, Minuten, Stunden, Monate und Jahre, alles peinlich genau registriert von der Uhr. Diese Erfindung von Peter Henlein bestimmt uns er persönliches Leben. Wachen und schlafen, essen und fasten, arbeiten und faulenzen, lieben und hassen. Als Menschen können wir stark und schwach sein. Die Zeit tickt als Uhrwerk.

Immer begleitet uns unser Schicksal. Ob Mann oder Frau, jung oder alt – wir müssen uns dem Geschick fügen, können unser Schicksal bisweilen selbst in die Hand nehmen oder es mit Füssen treten. Es wird uns immer beherrschen – jedoch stets die Gedanken beflügeln, etwas zum Guten zu wenden. Auch Tiere unterliegen einem Schicksal, meist erleiden sie es. Pflanzen aber gehen hier leer aus. Sie sind der Erde verhaftet, keimen und verwelken. Zurück bleibt von ihnen, was sie hervorgebracht hat. Das Schicksal von Steinen erzählt ihre Geschichte.

Der Geist ist ein Geselle der Zeit. Er wohnt in allem , sinnvoll in der Natur, schöpferisch im Menschen und verhalten im Tier. Als Hauch des Göttlichen liegt er über allem, was lebt. Das Leben selbst aber ist Bewegung. Die Jugend kann sich vor Sprungkraft kaum halten. Wenn das Alter vor der Tür steht, gehen wir langsam. Selbst Dinge wie Steine und Gemäuer altern, dazu auch die Ansichten von Gelehrten oder die Mode des jeweiligen Zeitgeistes.

Bleibt noch der Wille, wenn er an der Zeit rüttelt. Er befähigt den Menschen, verantwortungsvoll zu handeln. Seine Neugier, sein Forscherdrang haben ihm das Weltall eröffnet. Sein Ort aber ist die Erde, unser schönster Planet. Dieser gebührt, von Anbeginn bis in Ewigkeit, die Zeit zu überdauern.

Locker Socken stopfen

An den Haltestellen für Bus und Bahn fallen sie schnell ins Auge: Jugendliche, die nur auf ihr Handy tippen oder suchend nach Antwort blicken. Selbst wenn die Verkehrsmittel kommen und abfahren, spielt bei den meisten jungen Fahrgästen das Handy die Hauptrolle. Dabei scheint nur zu vermuten: Sie langweilen sich ohne Ende. Auch Erwachsene kennen diesen unangenehmen Gefühlszustand, kann er doch von einem ständigen beruflichen Einerlei, einer inhaltslosen Beziehung oder einer übertriebenen Sucht nach Konsum herrühren. Immer nur gleichbleibend dasselbe, ohne, dass man zufrieden wäre -- wer hält denn das aus?

Dabei mag es nicht erstaunen, dass Langeweile auch einen positiven Aspekt besitzen kann. Dann nämlich, wenn man sich ehrlich fragt, warum man diese so oft empfindet. Als Ergebnis bietet sich an, dass man eigentlich etwas anderes machen und vieles verändern möchte. Da könnten neue Ziele locken, etwa auf andere Menschen zugehen, einer Person Gutes tun, einer Vereinigung sozialer oder sportlicher Art beitreten oder allgemein etwas Neues ausprobieren. Vielleicht gelingt sogar ein Arbeitswechsel. Auch zwischenmenschliche Beziehungen schaffen das Gefühl einer wichtigen Zugehörigkeit.

Von dem Philosophen Friedrich Nitzsche stammt der Satz: „Die Langeweile ist die Windstille der Seele.“ Auf Dauer sinnlose Dinge zu tun, kann depressiv, süchtig, sogar krank machen. Dagegen empfiehlt es sich, innerlich tüchtig Sturm aufkommen zu lassen. Eine unordentliche Wohnung freut sich, wenn sie aufgeräumt wird. Einmal selbst kochen, in einem einseitig geführten Dauergespräch auch selbst einmal Fragen stellen, an einem häuslichen Problem arbeiten, dass die Fetzen fliegen. Erich Kästner bringt es auf den Punkt. „Es gibt nichts Gutes, außer: Man tut es“.

Wenn jegliche Arbeit Alltag und Leben strukturiert, heißt es „Adieu Langeweile“ -- sogar beim Socken Stopfen.

Mit Ausreden rausreden

Wenn Eltern ihren vierzehnjährigen Sprössling beim Schwindeln erwischen, glauben sie ihm kein Wort seiner Ausrede. Der behauptet nämlich, nie etwas vom Geheimfach im Wäscheschrank gewusst zu haben. Dort fehlt ein 50-Euroschein, den Mutter zufällig im Federmäppchen von Sohnemann entdeckt hat. Der gerät in Erklärungsnot und lügt das Blaue vom Himmel herunter. Die Strafe folgt auf dem Fuße: Vier Wochen kein Taschengeld.

Über Erziehung lässt sich streiten. Manchmal genügt eine Abreibung aufs Hinterteil, was sich dem Gedächtnis wirksam einprägt. Denn dass geklaut wurde, liegt ja offen zu Tage. Bei Gericht hingegen besteht in vielen Fällen die Unschuldsvermutung. Dann sind Richter und Anwälte aufgerufen, den wahren Sachverhalt zu klären, damit ein gerechtes Urteil gefällt werden kann.

Manche Ausreden sind Geschichten blühender Phantasie. So erfindet die zehnjährige Lisa ihre zu Herzen gehende Anteilnahme am Tode der Mutter ihrer Freundin. Um sie zu trösten, habe sie dieser ihre liebste Puppe geschenkt. Dass sie ihr das gute Stück aber einigermaßen klingend verkauft hat, verschweigt sie.

Kleine Vergehen lassen sich fort lächeln, große Sünden nicht. Es bedarf schon einiger Schlauheit, um eine glaubwürdige Ausrede zu erfinden. Eine solche soll ja die Missetat verschleiern mit dem Ziel, den Tunichtgut selbst als Unschuldsengel erscheinen zu lassen.

Manchmal gebietet auch die Höflichkeit, eine Ausrede zu gebrauchen. Man möchte den anderen nicht kränken oder verletzen. Denn dass seine Anwesenheit im Augenblick nicht passt, wird der schnell selbst herausfinden und sich verabschieden. Empfindsame Notlügen kommen oft von Herzen, denn sie sollen den Mitmenschen trösten. Eine Siebzigjährige fragt: „Wie sehe ich aus?“ Die Antwort: „Phantastisch!“

Fingerspitzen

Für unsere fünf Sinne besitzen wir jeweilige Sinnesorgane. Im Kopf befinden sich Augen, Ohren, Nase und Zunge, die Fingerspitzen erlauben den Tastsinn. Wobei wir schon beim Thema sind.

Die Fingerspitzen selbst sind „Spitze“, denn sie sind mit einer besonderen Begabung ausgestattet. Die ermöglicht es zum Beispiel Blinden, sich überhaupt zu recht zu finden. Sehenden Auges erspüren wir nicht, was wir fühlen können: warm oder kalt, Holz oder Metall, krumm oder gerade. Ein blinder Mensch erfühlt sogar genau den Henkel einer Kaffeetasse. Wer sich auf heißer Platte oder an einer Kerze eine Fingerspitze verbrannt hat, sollte mit derselben nebst Daumen sein Ohrläppchen anfassen. Das mildert den Schmerz. Wer sich die eigenen Fingerspitzen küsst, dem hat etwas vorzüglich gefallen.

Darüber hinaus verrät uns das Fingerspitzengefühl, wenn wir vorsichtig, wann wir dem Nächsten gegenüber einfühlsam sein sollten. Takt paart sich gern mit klugem Lob. Die Fingerspitzen ahnen darüber hinaus, wo beim Partner Stärken oder Schwächen zu vermuten sind. Diese Fähigkeiten entwickeln sich erst mit den Jahren. Wer, an einem Tisch zu zweit sitzend, nur seine Fingerspitzen betrachtet, beweist damit sein geringes Interesse an jeglichem Gespräch. Wenn selbst gestandene Politiker sich gegenseitig anschreien, ist bei ihnen derlei Feingefühl unterentwickelt geblieben. Höflichkeit ist auch eine Frage des Herzens.

Fingerspitzen selbst sind empfindsam. Sie sind mit besonderen Nerven ausgestattet. Wenn sie Taubheit signalisieren, handelt es sich nicht um einen Hörschaden. Die Ursache könnte tiefer liegen, dass das innere „Telefonsystem" nicht mehr richtig funktioniert. Nerven sind jedoch ein Thema für sich.

Ein besonderer Sinn ist in mehrdeutiger Wahrnehmung meist unterbelichtet. Zumindest besitzt er kein sichtbares Organ. Es handelt sich um das äußere und innere Gleichgewicht. Dieses Stiefkind der guten Sinne hockt in einem Winkel des Innenohrs. Wer in ausgedienten Schlappen oder auf höchsten Stöckeln latscht, kann damit, besonders noch Alkohol betrieben, einen schwankenden Gang vorweisen. Wenn selbst bei lächerlichen Gelegenheiten nur heftigste Launen überwiegen, meldet das innere Gleichgewicht Hochwasser. Also einfach ablassen. Die Fingerspitzen sind dafür nicht zuständig.

Das schmeckt aber!

„Ich esse meine Suppe nicht, nein, meine Suppe ess‘ ich nicht!“, mault der Suppenkasper aus dem „Struwwelpeter“. Mit den von einem Arzt beschriebenen Figuren sollen die Kinder eindringlich davon überzeugt werden, was sie tun und lassen sollten, was also gut für sie ist. Das äußere Organ für den Geschmacksnerv ist die Zunge. Sie ruht im Mund versteckt. Wer sie herausstreckt und sie einem anderen, gewiss nicht nur dem Arzt zeigt, äußert dadurch seine Verachtung für ihn. Die Zunge kann nichts dafür. Mit feinsten Spürnerven an ihrer Spitze ausgestattet, ist sie generell rau, bei Infekten belegt. Tierische Zungen werden von Köchen in kulinarische Leckerbissen verwandelt

Übrigens hilft uns die Zunge beim Sprechen, weil sie Labial- und Zischlaute locker formt. Sie passt auch ein wenig darauf auf, was wir essen, nicht zu heiß, nicht zu kalt, ob flüssig oder fest. Auf keinen Fall dürfen wir auf Granit beißen, aber da schrieen längst die Zähne um Hilfe. Es muss schon schmecken, sollte in jedem Fall schmackhaft sein. Denn die Nahrung hält uns am Leben. Nicht zuletzt deshalb sind Restaurants die Tempel des guten Geschmacks.

Ach ja, der gute Geschmack! Er ist nicht nur für den Gaumen so etwas wie guter Benimm. Äußerlich erkennt man ihn schon an der Kleidung.

Trauerfeiern sind keine Popveranstaltungen. Zur Hochzeit geht kaum jemand in Schwarz. Wem das nicht schmeckt, dem passt es nicht. Wenn irgendein Nobody ein krummes Ding dreht, hat das ein „Geschmäckle“, was auf Süddeutsch noch die freundlichste Bezeichnung ist.

Schon härter fällt das Urteil aus, wenn etwas „völlig geschmacklos“ erscheint. Da wendet sich der Gast mit Grausen. Grüne Haare, Mini bis zur Taille, Lila mit Neunzig – der letzte Versuch.

Wenn wegen Inflation oder Geldwäsche ein Vermögen kracht, löffeln nur andere die Suppe aus. Ursache -- unbekannt. Verursacher – gibt es nicht. Ach, Schmackes!

Herrgott noch mal, du nervst!

Wer hat solch einen Gemütsausbruch nicht schon erlebt? Und was haben die Nerven damit zu tun? Diese Transportstränge im Körper sind hoch komplex. Sie melden sich immer dann, wenn ein Satz, eine Situation jemand anderen nervt. Was so viel bedeutet, dass der sich bis an die Schwelle der Erträglichkeit gereizt fühlt. Auch können ständige Wiederholungen schließlich langweilen.

Schwieriger wird es, wenn die Nerven blank liegen. Das bedeutet im übertragenen Sinne, dass sie keine Zudecke haben. Eventuell öffnen die Frierenden sogar der Angst Tür und Tor. Erweist sich der Verursacher dieses Gefühls immer weiter als Nervensäge, möchte der Egozentriker um jeden Preis beachtet werden. Beim Opfer meldet sich aus dem Stirnhirn der Verstand mit: „Nein!"

Da hilft einzig Nervenstärke. Die erwirbt man nicht bei intensiver Gymnastik. Sie ist mehr oder weniger eine Frage des Charakters. Mut gehört auch dazu. Um den griechischen Philosophen Perikles zu zitieren: „Das Geheimnis des Glücks ist die Freiheit und das Geheimnis der Freiheit ist der Mut." Also einige Duldsamkeit beweisen! Im Übrigen: Auch selbst drauf hauen und Stärke zeigen!

Gerechterweise müssen wir den Nerven ihre größte Aufgabe im Körper zubilligen: Sie leiten wie Telefonschnüre den Schmerz durch Verletzungen wie Brüche, Verspannungen und dergleichen zum Gehirn, besonders wenn sie selbst beschädigt sind. Au, das tut weh!

Echt spannend wird es beim Nervenkitzel. Der gilt bei den Krimi-Autoren als Rettungsanker. Erst wenn es in der Nase so richtig kitzelt, ist die Kuh vom Eis. Dann hat wieder einmal das Gute gesiegt, ist die Welt noch in Ordnung.

Nun sind ja nur die wenigsten Mitbürger Mediziner. Bei aller Gelehrsamkeit hat sich aber noch keiner die Frage gestellt, ob Nerven sich gern kitzeln lassen.

Schon sechzig -- na und?

Ab wann ist man nicht mehr jung, ab wann ist man alt? Landläufig gilt die Zahl sechzig als Grenze zwischen den beiden Lebensabschnitten. Danach ist man zunächst einmal nur älter. Wenn ein Fünfzehnjähriger seinen Sportsfreund mit „He, Alter!“ begrüßt, hat dieser im Glücksfall noch das ganze Leben vor sich.

Die Statistik erfasst seit Langem: Wir werden immer älter. Das mögen manche Zeitgenossen nicht gern zugeben. Jung bleiben ist die Devise. Denn die Jugend besitzt allgemein Vorrang. Dabei macht diese, rein rechnerisch, eben nur ein Viertel unseres Lebens aus. Und weil sie nun einmal viel kürzer ist als der Lebensrest, funktioniert sie in der Werbung als brauchbarer Schuhlöffel für Umsatz. Niemand bleibt jung. Deshalb helfen sich Schlaumeier aus der Patsche und machen sich mit allen erdenklichen Tinkturen und strapaziösem Sport jünger. Hauptsache, man sieht noch jung aus.

Im Hinterkopf weiß man, es ist ja alles nur halb lang. Wenn sich an Stirn und Augenwinkeln die ersten Fältchen zeigen, setzt die Erfahrung dagegen. Obwohl man sich ein Wissen ums andere angeeignet hat: Man ist so alt wie eine Kuh und lernt immer noch dazu. Diese Gewissheit dient immerhin als Bollwerk gegen unerwünschtes Altern. Das wussten schon unsere Altvorderen.

In der griechischen Mythologie gab es einen anders gearteten Problemfall: Auf Wunsch seiner Geliebten, von den Göttern erbeten, alterte Adonis, schönster Jüngling aller Jungmänner, nie. Ewig jung – eine lebenslange Strafe!

Sehen wir es also philosophisch, lassen wir dem Älterwerden seinen Lauf! Ein bisschen Mogelei kann ja ruhig dabei sein. Spätestens ab fünfzig, sieht die Lesebrille schon klarer: Wer sich mit sechzig für zwanzig wähnt weise --- der hat nichts gelernt, der hat eine Meise.

Speisekarte

Essen und Trinken hält den Leib zusammen. Bleiben wir zunächst beim Essen. Die Speisekarte eines Pflegeheimes gibt uns darüber Auskunft. Wir befinden uns in der Woche eines Wintermonats. Zweierlei Mittagsgerichte stehen zur Auswahl. Was also gibt es zu speisen?

Der Montag präsentiert sich mit gefüllter Paprika und gekochten Eiern in Senfsoße. Der Dienstag folgt mit paniertem Seelachsfilet und Blumenkohl-Kartoffelbratling, der Mittwoch mit Kartoffelsuppe samt Eisbeinstäbchen und Königsberger Klopsen. Am Donnerstag locken vegetarisch gefüllte Zucchini und eine Hirtenrolle „Bosborus“ an Paprikasoße, am Freitag Putengulasch mit Mais und Paprika nebst Schlemmerfilet Bordelaise an Broccoli. Der Samstag spart bei Weißkrauteintopf samt Speck und Quarkkeulchen mit Vanillesoße. Der Sonntag jedoch schießt den Vogel ab mit Filetstreifen in Rahmsoße mit Spätzle und Kaisergemüse sowie Selleriebratling in Kräuterrahm. Da lecken sich Vegetarier die Lippen.

Wer jeweils die Gerichte durchprobiert hat, kommt zum kulinarischen Schluss: Gekochte Eier stillen den Hunger, die Senfsoße lockt als Blickfang oben drauf. Ein Blumenkohl-Kartoffelbratling, was ist das? Bratkartoffeln an Blumenkohl? In der Kartoffelsuppe schwimmen einige streichholzdünne

Eisbeinstäbchen. Die Hirtenrolle Bosborus gibt einen Vorgeschmack auf das Wochenende mit einer feurigen Paprikasoße. Man müsste die Feuerwehr rufen. Von Hirten gehütet, waren es Ziegen oder Lämmer? Das Schlemmerfilet Bordelaise behält sein Geheimnis für sich. Vive la France! In Deutschland weiß man: Freitag gibt's Fisch. Aber Filetstreifen am Sonntag, die sind das reinste Gedicht. Die Spätzle, sie munden! Der Kaiser lässt grüßen. Der Kräuterrahm macht sogar den Selleriebratling fett.

Ein Koch, der auf sich hält, kreiert Gerichte mit Fingerspitzengefühl und Erfahrung. Zwingt ihn die Notwendigkeit zu sparen, weicht er in Gefilde der Phantasie aus und erfindet die klangvollsten Namen, am besten in Französisch. Da gerät der hungrige Gast schnell in Versuchung, greift zu und genießt. Denn das Gericht klingt zu schön. Bombastisch wirkt drastisch. Und noch mal das Gleiche. Guten Appetit!

„Versprochen ist versprochen …

… wieder geholt ist gestohlen.“ Über eine derartige Mutmaßung ist man zunächst erstaunt. Manchmal trifft sie jedoch zu, wenn derjenige, der das Versprechen abgab, es sich hinterher anders überlegt. Er hat sich zuvor also ganz wörtlich ver--sprochen. Die Sprache hält genau fest, ob wir unser Wort als persönlichen Besitz gegeben oder nur etwas falsch ausgesprochen haben. Einen „Wortbruch“ so folgenreicher Art wünscht man weder Braut noch Bräutigam. Irren ist menschlich. In jedem Fall empfiehlt sich zuvor eine ehrliche Prüfung der Sachverhalte.

Mit dem Stehlen ist das so eine Sache. Nehmen wir als Beispiel Großvater Heinrich, der nach seinem Ableben sein Haus dem Sohn Kurt versprochen hat. Der verspricht es dann wiederum seinem jungen Sohn Rolf und erwartet als Gegenleistung, darin wohnen bleiben zu dürfen. Rolf aber möchte es nur verkaufen. Also zieht Vater Kurt das Versprechen zurück. Damit hat er sein Versprechen gebrochen und herrscht Zoff in der Familie.

Als Erbe des Hauses ist Vater Kurt aber kein Dieb. Wer etwas stiehlt, nimmt es einfach weg, obwohl es ihm weder gehört noch erlaubt wurde. Mündliche Versprechen im Sinne von Erbschaft sollten handschriftlich geregelt werden, um familiären Ärger zu vermeiden.

Ein Versprechen klingt nicht nur schön. Es kann Menschen auch beglücken. Wer für eine Tätigkeit sein feierliches Ehrenwort gibt, bekundet damit seinen inneren Anstand mit der Gesamtheit seiner Person.

Regen Sie sich nicht auf!

Stellen Sie sich ein Gespräch zwischen Vater und Sohn vor, der, knapp Sechzehn, ohne Führerschein wiederholt um zwei Kurven Papas Auto in die Garage bewegt hat: Erregt wie der Hausherr ist jemand, dem nach langer Rede kurzem Sinn die Hutschnur oder eben der Geduldsfaden gerissen ist. Die Geduld hängt manchmal an einem seidenen Faden, der nur bis zu einem gewissen Grad elastisch ist. Bis es soweit kommen konnte, wurde sie tüchtig strapaziert. So sehr, dass man sich zur Erholung auf die Couch legen sollte.

Anders verhält es sich mit der Ungeduld. Die palavert erst gar nicht lang, sondern entlädt sich in einem schnaubenden Wutausbruch. Der wiederum ist eine Sache des Temperaments, oder – vermuten wir es insgeheim – des müßigen Zuhörens. Das findet nur ziemlich kurz statt, weil der eigentliche Grund der Auseinandersetzung zuerst das eigene Ego interessiert. Basta!

Die Geduld ist ein schöner Charakterzug, verlangt aber starke Nerven. Dem einen ist sie von Natur aus mitgegeben, der andere muss sie sich aneignen. Aber wie? Zehn mal bis zehn zählen? Möglicherweise erwirbt er sie erst im Alter, wenn vieles nicht mehr so wichtig ist. Als bewährte Taktik von Diplomaten empfiehlt sich zunächst einmal ein Gespräch, in dem man vorsichtig sogar eigene

Schwächen preisgibt. Damit könnte man den Partner aus der Reserve locken. Erst dann verspricht die Überzeugungsarbeit einigen Erfolg.

Mit Ungeduld kommt man selten schnell zum Ziel, weil sich die „Fronten“ verhärten. Außerdem kostet sie innere Kraft. Als wichtiges Hilfsorgan bei Streitigkeit jeglicher Art dient das Gehör. Zuhören statt Weghören – ein Zünglein an der Waage. Wenn auch Sohnemann erhört worden ist, regt Vater sich ab.

Phantastische Übersetzung der Sprache

Im dritten Aufzug von Shakespeares „Hamlet“, erste Szene, steht der dänische Prinz mitten auf der Bühne, hält einen Totenschädel in der Hand und beginnt seinen berühmten Monolog „Sein oder Nichtsein, das ist hier die Frage…“ Dass mit diesem Drama eine Dichtung von höchstem Rang vorliegt, steht außer Frage. Lediglich Ludwig Tiecks deutsche Übersetzung aus dem frühen 19. Jahrhundert wirft eine solche auf.

Der Tenor von Hamlets Selbstzweifel geht dahin, ob es leichter ist, das eigene Schicksal und Leben zu ertragen als den eigenen Tod, ob man sich dagegen wehren solle oder nichts anderes tun als sterben und schlafen.

Nachdem Ludwig Tieck wortgetreu übersetzt hat: „So macht Bewusstsein Feige aus uns allen…..“, fährt er fort: „Der angebornen Farbe der Entschließung wird des Gedankens Blässe angekränkelt.“ (Englisch: And thus the native hue of resolution is sicklied o'er with the pale cast of thought…) Wie bitte, stutzt man und überlegt: Handelt es sich hier um Entschluss und Zweifel? Und welche Farben besitzen diese Charakterzüge? Sind Rot, Grün, vielleicht Weiß angeboren? Die Entschließung erkrankt also am blassen Gedanken. Trotz Bemühung um Originalgerechten Rhythmus: Geschraubter kann man eine solche Eindeutschung nicht vornehmen.

Sinngetreu könnte es auch heißen: „Die angeborene Entschlusskraft wird von blassen Zweifeln überlagert…“

Was mag der Schauspieler auf der Bühne denken, wenn er diese Weisheit ohne Patzer verkündet? Und besser noch: William Shakespeare, vorausgesetzt, er hätte Deutsch verstanden, was hätte der gedacht? Wahrscheinlich sich die Haare gerauft und gelacht. Schließlich hat er als berühmtester Schriftsteller aller Zeiten neben achtunddreißig Dramen und über hundert Sonetten auch zahlreiche Komödien geschrieben. Mit seinem „Kaufmann von Venedig“ lässt er uns wissen: Es ist nicht alles Gold, was glänzt.

Respekt für das Alter

„Das große Glück, noch klein zu sein, sieht mancher Mensch als Kind nicht ein“, leitet Wilhelm Busch in einem humorigen Gedicht zum Alter über, um im fünften Vers festzustellen: „Ich schaff‘ die 80, so Gott will. Wer dann die 80 biblisch überlebt, zielsicher nach der 90 strebt.“ Und letztlich die Einsicht: „Doch hat die Mitte 90 man erreicht – die Jahre, wo einen nichts mehr wundert – denkt man mitunter: „Na, vielleicht schaffst du mit Gottes Hilfe auch die 100.“

Wilhelm Busch wurde 1908 knapp sechsundsiebzig Jahre alt. Kein Wunder, dass er sich mit dem Alter befasste und dies auf seine Art, aus Sicht des Humors. Die 80 hat er nicht mehr erreicht, das mag ihm vielleicht doch zu biblisch erschienen sein. Zu seinem Glück wurde er früher „abberufen“. Achtzig Jahre – ein auch für heutige Begriffe langes Leben. Dank der modernen Medizin muss sich die Politik darauf einstellen, dass die nachfolgenden Generationen tatsächlich „die 100 schaffen“.

Wer mitten im Leben steht, sich tagein-tagaus den selbst gewählten Aufgaben stellt, wächst innerlich sozusagen mit seinem Älterwerden mit. Klopft dann schließlich die Rente bei ihm an, macht sich zuerst einmal Überraschung breit. Der betrügerische Blick von einst in den Spiegel wird plötzlich unmissverständlich: Das Alter ist da!

Davor muss man ja nicht erschrecken. Körper und Geist passen sich den ungewohnten Gegebenheiten an. Das geschieht beschaulich, so dass es zunächst nur einem selbst auffällt. „Eile mit Weile“, bringt es auf den klügsten und einfachsten Nenner. In östlichen Kulturen wird das Alter verehrt, bei uns wird es belächelt, mitunter herabgewürdigt oder verspottet. Keine Angst! Die Spötter sind selbst einmal dran.

Die größten Denker und Staatsmänner haben sich mit dem Alter auseinander gesetzt. Da es unausweichlich ist, kann man es nur akzeptieren. Cicero befand, dass die Zähne nun nicht mehr weh täten und man all das Gerede ringsum nicht mehr anhören müsse. Goethe postierte das Alter auf einen Balkon, von dem aus man zugleich weiter und genauer sehe. Der amerikanische Schriftsteller Ernest Hemingway meinte, man werde nun nicht etwa weise, sondern nur vorsichtig.

Laut Altem Testament wurde Methusalem biblische 969 Jahre alt. Dafür dürfte selbst die modernste Medizin aller Zeiten nie verantwortlich sein. Doch schon heute genießt man die reifere Jugend mit neunzig!

Über Anspruch und Bescheidenheit

„Bescheidenheit ist eine Zier. Doch weiter kommt man ohne ihr.“ Diese launige Erkenntnis in Berliner Mundart entspricht manch langjähriger Lebenserfahrung. Noch eins drauf gesetzt: „… doch reicher wirst du nur mit Gier.“ Da heißt es lediglich „nehmen, nehmen und besitzen“. Das Gegenteil solch habsüchtiger Eigenschaft bedeutet teilen oder sogar Verzicht. Wer aber auf etwas Anspruch erhebt, befriedigt sein Ego und fühlt sich im Recht. Allerdings ist zu bemerken, dass Ansprüche meist nach oben, seltener herab geschraubt werden.

Ein bescheidener Mensch hingegen nimmt sich selbst nicht so wichtig. Er denkt auch an Mitmenschen, bringt sich vielleicht persönlich für eine Verbesserung ihrer Situation ein. Hier seien nur die großen Flüchtlings-Hilfswerke mit ihren sich aufopfernden Mitarbeitern hervor gehoben. Ebenso die vielen unauffälligen Helfer etwa bei Naturkatastrophen. Ihre Bescheidenheit verlangt kein großes Trara.

Natürliche Ansprüche wie das Recht auf Leben, Freiheit und Demokratie sind nicht mit Ansprüchlichkeit zu vergleichen. Letztere trifft auf einen Gernegroß zu. Der zeigt oft, wie gut betucht, wie elegant und klug er ist und pufft einen Konkurrenten bedenkenlos zur Seite. Denn er glaubt, ihm seien „die Stühle gerichtet bei den Sybillen, den

Königinnen“, und wie Hugo von Hofmannsthal weiter dichtet, da sitze er „wie zu Hause, leichten Hauptes und leichter Hände.“

Je bescheidener ein Mensch ist, umso stolzer darf er darauf sein, was er für andere und sich geleistet hat.

Über die Neugier

Gierig nach Neuem oder Nichtwissen zu sein, ist ein Antrieb des Menschen. Denn Wissensdurst unterscheidet ihn vom Tier. Immer wieder mehr zu erkennen, befeuert Forschung und Wissenschaft. Die Neugier versteckt sich jedoch auch im engsten Umfeld, wenn man nämlich vom Partner etwas herauskriegen möchte, was geheim und nicht für fremde Ohren bestimmt ist. Eine hervorragende Gelegenheit, mit anderen darüber zu reden.

Eine weitere Variante der Neugier wird dann offenbar, wenn jemand sich langweilt. Da sonst nichts Interessantes passiert, forscht man beim Gegenüber, was er oder sie an guten oder schlechten Erfahrungen zu bieten hat. Das ist doch immerhin spannender als gar nichts. Und wer es ausplaudert, fühlt sich gleich selbst interessant.

Die Neugier erweist sich auch als Hilfsmittel, wenn man seine Bildung aufstocken möchte. Geeignete Bücher gibt es zu Hauf. Frauenzeitschriften befriedigen dazu das Bedürfnis über viel Wissenswertes bei den Königshäusern.

Selbst die Psychologie hat sich mit der Neugier befasst. Denn dieser Charakterzug fußt auf einer versteckten Geltungssucht. Schon der französische Dichter Molière befand: „Die Neugier ist die Tochter der Eitelkeit“. Wer viel weiß, wird auch bewundert. Und Wissen ist Macht.

Um der Neugier jedoch auch die nötige Reverenz zu erweisen: Ohne Intelligenz kommt sie nicht aus. Je mehr sie sich durchgefragt, je weniger Auskünfte sie dabei erreicht hat – zum Schluss gibt sie ihr Bestes. Denn Neugier gilt auch als die Mutter der Weisheit.

Über Ernst und Heiterkeit

Unter den Menschen gibt es viele Typen, die vom Charakter her sehr gegensätzlich veranlagt sind. Der eine ist dem Ernst unterworfen, die andere der Heiterkeit ergeben. Beide Charaktere können sich wunderbar ergänzen.

Der Ernst weckt bedrohliche Gedanken. Wenn vom Ernst der Lage die Rede ist, kommt man schon ins Grübeln. Denn eventuell sind schwere Zeiten zu erwarten, in denen das Leben mühsam ist. Ernst kann auch Unheil bedeuten. Pessimisten haben ihn regelrecht gepachtet. Schwermut ist seine traurige Variante. Die besitzt etwas Bohrendes, das immer wieder die seelische Widerstandskraft strapaziert. Als „Leichenbitter" hat es ein durchweg ernster Mensch nicht leicht, Freunde zu finden. Denn er sieht in allem Geschehen überwiegend das Schlechte. In gesteigerter Form kann Ernst auch Angst machen.

Ganz anders hingegen betrachtet ein heiterer Mensch das Leben. Bittere Schicksalsschläge verarbeitet er mit. „Die Augen zu und durch!" Was als oberflächlich gilt, bewährt sich jedoch als Schutz vor der Aussichtslosigkeit. Nämlich dann, wenn man den Kummer über das, was ohnehin nicht in unserer Macht steht, bald vergisst. Also gibt man sich zufrieden, schick sich drein. Wer Frohsinn besitzt, vertraut dazu auf mehr Leichtigkeit des Seins.

Die kann aus einer Blume duften oder mit der Eleganz eines Vogels fliegen. Unglück rückt in den Hintergrund und Lebensfreude stellt sich ein.

Im Alter gesellen sich stiller Humor und Gelassenheit hinzu. Bei ihm halten sich Ernst und Heiterkeit die Waage. Ein Optimist hofft gern auf bessere Gelegenheiten, so lange sie ihm vergönnt sind. Denn durch die Lesebrille sieht er zuerst das Gute. Solchen Einblick mit Weitsicht besitzt Friedrich Schiller, wenn er fest hält: „Ernst ist das Leben, heiter ist die Kunst.“

Trau, schau – wem?

Gegenseitiges Vertrauen ist wohl das stärkste Bindeglied zwischen zwei Menschen. Auf der Gewissheit von unverbrüchlicher Achtung wachsen Liebe, Freundschaft und Verständnis. Festes Vertrauen erhält man nicht einfach geschenkt. Man muss es sich erarbeiten oder verdienen. Das verlangt unbedingten Einsatz. Wenn man jemandem nicht über den Weg traut, verhält man sich vorsichtig. Ein persönliches Drama, wenn Vertrauen missbraucht wird! Da bleibt eine verletzte Seele zurück.

Unser Kontakt zu einem Mitmenschen ermöglicht sich zuerst über die Augen und Ohren. Auch intuitiv erfassen wir, wen wir als Persönlichkeit vor uns haben, wie sie aussieht, woher sie kommt, welchen Bildungsgrad sie besitzt, ob sie herzlich und auch vertrauenswürdig ist. Nicht nur der Verstand bewahrt uns vor Enttäuschung, auch das Gefühl erspürt mögliche Gefahr. Spontane Entdeckungen beim Gegenüber wie zum Beispiel die Körpersprache seiner Hände verraten, wie er oder sie innerlich beschaffen sind. Wenn hier etwa Kummer und Not vorliegen, sind wir bereit, mit zu fühlen und zu trösten. Schon ist eine menschliche Brücke gebaut. Wird aber Gleichgültigkeit signalisiert, fällt die Klappe.

Die Sprache kennt den Begriff des Urvertrauens, wie es zwischen Kind und Mutter besteht. Wer

Selbstvertrauen besitzt, übernimmt auch eigene Verantwortung. Wer etwas wagt, getraut sich, zu handeln. Wer einen anderen mit einer Aufgabe betraut, rechnet auch mit dessen erreichtem Ziel. Ein trauliches Gespräch in traulicher Umgebung – da mag man es am liebsten gemütlich.

Wenn Sie meinen Gedanken bis hierhin gefolgt sind, traue ich Ihnen einiges Durchhaltevermögen zu.

Vieldeutigkeit der Sprache

Sprache hat etwas mit Sprechen, und das wiederum in erster Linie mit Hören zu tun. Das Kleinstkind erlernt die ersten Worte von der Mutter, indem diese gewisse Begriffe ständig wiederholt. Sehr bald schon ist zwischen beiden eine erstaunliche Verständigung hergestellt, wenn es auch nur um einfache Dinge geht.

Mit Beginn des Schulalters lernt das Kind, sich differenzierter auszudrücken. Die Umgangssprache mausert sich zur Schriftsprache. Je nach Begabung legt dann der Jugendliche ein komplettes Plädoyer hin. An dem, was man nachlesen kann, wird möglicherweise noch gefeilt. Da stellen wir fest, wie vieldeutig zum Beispiel im Deutschen manche Begriffe sind. Gerade wenn es sich um das Vermögen unserer Sinne handelt, bietet sich eine Auswahl von Verben an.

Nehmen wir das Wort hören: Ein Knall ist nicht zu überhören. Eine derartige Belästigung gehört sich nicht. Wenn mir aber etwas gehört – was hat das mit dem Ohr zu tun? Ob mein Auto kommt, wenn ich es rufe? Das wäre ja unerhört. -- Auch das Sehen findet sich in unterschiedlicher Bedeutung: Kaum einzusehen, ein ausersehenes Modell ist nicht zu übersehen, schon gar nicht aus Versehen zu besehen. -- Eine Köchin ist nicht gerührt, wenn sie den

Kartoffelbrei umrührt. Das rührt daher, weil sie ihren Beruf gelernt hat, rührig, wie sie ist.

Recht haben, Recht bekommen ist die eine, Ungerechtigkeit, Unrecht und Rechthaberei die andere Seite. Gerichte sind für Gerechtigkeit zuständig. Richter richten nach dem Gesetz und danach, was rechtens ist. Doch was ist wirklich richtig? Dass wir nicht Schlimmes anrichten, die Wohnung herrichten, eine neue Adresse aus- und berichten, eventuell den Hund auf Befehl abrichten – auf jeden Fall ein schmackhaftes Gericht.

Die Vieldeutigkeit der Sprache dient mitunter auch dazu, Realitäten zu verschleiern. Geschickte Politik, zum Beispiel, präsentiert sich nicht mit Rums, Bums. Da spielen Konjunktive als vage Möglichkeiten eine gewisse Rolle. Wer Ohrenschützer trägt, ist davon nicht betroffen. Wer aber die Ohren noch spitzen kann, wird genau hinhören.

Vom Schloss bis zur Hütte

„Reich mir die Hand, mein Leben, und komm auf au mein Schloss mit mir!“, singt Don Giovanni, der ewige Verführer. Auch das Märchen „Vom Fischer und seiner Frau“ macht uns vor, wo Großmannssucht enden kann. Wer möchte heutzutage noch in einem Palast wohnen? Bei den Heizungskosten!

Manch ein Zeitgenosse fühlt sich übervorteilt, wenn er sieht, dass sein Kollege bei gleicher Arbeit mehr verdient. Auch wirtschaftlich höher gestellte Personen können sich ein üppigeres Zuhause leisten. Es muss ja nicht gerade ein Schloss, gern doch ein Chalet sein. Aber auch eine Hütte schafft ein Dach über den Kopf. Selbst, wenn es durchtropft, kann man einen Eimer drunter stellen, wovon uns Spitzwegs Bild „Der arme Poet“ überzeugt.

Warum macht das Wünschen nicht vor den Möglichkeiten Halt? Warum strebt der Mensch stets nach dem „Mehr“? Dieser gedankliche Antriebsmotor wird von unterschiedlichsten Stimmungen gesteuert. Da gibt es Neid oder Missgunst, besser noch den Drang, sich selbst zu beweisen, was man schaffen kann – ja, könnte, wenn man wollte. Es gilt, die Trägheit zu überwinden, um selbst imaginäre Ziele zu erreichen: Der ewige Zwiespalt zwischen Pflicht und Neigung.

Raum ist in der kleinsten Hütte. Raum gibt’s auch für Überlegungen. Sie müssen ja nicht gleich

„hochprozentig“ wie wissenschaftliche Forschungsleistungen sein. Ein sichtbar erblühender Garten nach geleisteter Arbeit, ein Lob von ersuchter Person für persönlichen Einsatz, zum Beispiel, sind Pflaster für die bekümmerte Seele.

Für Zuwendungen jeglicher Art bleibt immer genügend Raum.

Von Donnerwetter und Geistesblitzen

„Donnerwetter!“ Im Speiselokal kracht eine Faust auf den Tisch. Während sich hier einige Männer lebhaft unterhalten, strahlt draußen die Mittagssonne. Keine Spur von einem Gewitter. Jemand hat bloß etwas erzählt, was den langen Lulatsch in größte Bewunderung versetzt. Beim Kumpel gegenüber zuckt jedoch plötzlich der Geistesblitz: „Langweilst du dich auch so wie mich?“

Hinter Sprichwörtern und Redewendungen verbergen sich Weisheiten von Jahrhunderten. Lehrhafte Inhalte können Gedanken kurz „auf den Nenner“ bringen, auch helfen, sich in fragwürdigen Situationen richtig zu entscheiden. Dass Worte sogar im Flug das Ohr des Hörers erreichen, bewies Johann Heinrich Voß, als er die „Ilias“ aus dem Griechischen übersetzte und darin geflügelte Worte sprechen ließ. Literarisch angemerkt: Goethe erfand in seinem Faust „des Pudels Kern“. Schiller versicherte in seinem Wallenstein: „Ich kenne meine Pappenheimer“. Je nach Laune und Empfindung können sie gedeutet werden.

Mit der Stilblüte verhält es sich etwas anders. Sie lässt gewollt oder unbeabsichtigt eine gewisse Doppeldeutigkeit zu und soll daher komisch wirken. Wenn Sie es noch nicht wussten: Max ging in den Wald, schoss einen Hirsch und traf seinen Lehrer.

„Mein lieber Scholli!“, möchte man ausrufen. „Zum Glück ist nicht mehr passiert.“

Für letzteren Lapsus stand ein gewisser Ferdinand Joly Pate. Der Student, 1783 aus der Salzburger Universität geflogen, schlug sich als Dichter, Sänger und Schauspieler wacker durchs Leben. Dabei scherte es ihn nicht, was andere über ihn dachten. Trotz Verballhornung seines Namens ging er seinen eigenen Weg.

Abschließend noch einige „stilblütige“ Schmankerl: Etwas passt wie die Faust aufs Auge. Früher war alles leichter – ich zum Beispiel. Gute Ideen erkennt man daran, dass sie geklaut werden. Frauen sind nix für Feiglinge!

Von Recht und Überheblichkeit

Es gibt Menschen, die haben immer recht, selbst dann, wenn offensichtlich falsch ist, was sie behaupten. Daran sind dann andere schuld. Rechthaberei ist ein Anzeichen von Egozentrik. Man kann sich darüber amüsieren oder ärgern. Dahinter lässt sich eine mangelnde Erziehung vermuten. Weil Menschen nun einmal auf einander angewiesen sind, empfiehlt es sich, Bereitschaft zur Mithilfe zu zeigen.

Machtmenschen sind nicht allein auf der Welt. Wären sie es, fehlte ihnen jegliches Publikum. Wer über andere herrscht, benötigt Helfer oder Schergen, die seinen höchstpersönlichen Willen durchsetzen, sei es auch mit Gewalt. Jahrhunderte lang gab es Herren und Knechte. Doch die Zeiten haben sich geändert. Dafür hat nicht zuletzt die französische Revolution gesorgt. Heute bemühen sich selbst Diktatoren um gewollte Zustimmung ihrer Untergebenen. Die dafür notwendige Durchsetzung versteckt sich hinter Betrug oder verborgener Gewalt.

Gegenteiliger Charakter eines Machtmenschen ist ein Feigling. Seine Schwäche bewirkt, dass er sich vor eigenen Entscheidungen fürchtet, die möglicherweise ja falsch sein könnten. Er drückt sich vor Verantwortung und überlässt diese gern anderen. So bleibt er ein willkommenes Opfer.

Dann gibt es auch noch die Mitläufer, die dem „Lokführer“ hinterher rennen. Als Gefolge fühlen sie sich gleichermaßen erhöht, denn sie glauben sich als unentbehrliche Gehilfen des bewunderten Wegweisers.

Nicht zu vergessen, die Idealisten. Als der mazedonische Herrscher Alexander einmal an einem offenen Fass vorbeiging, in dem einer seiner Untertanen leben sollte, kroch zu seinem Erstaunen ein älterer Mann daraus hervor. Offensichtlich diente diesem das Fass als Schlafplatz. Der Herrscher blieb stehen und bot dem Sonderling leutselig einen Wunsch an, worauf niemand anderes als Diogenes erwiderte: „Geh mir aus der Sonne.“

Solche Bescheidenheit ist nicht alltäglich, steht einem Philosophen von diesem Rang aber gut an. Für sich persönlich braucht er nur das Nötigste. In Gleichmut geschult, legt er nicht jedes Wort auf die Goldwaage. Im Gegenteil: In seinem Lächeln spiegelt sich eine Großmütigkeit des Herzens. Die schützt ihn vor eigener Überheblichkeit. Doch davon hat der illustre Herrscher im Weitergehen nichts bemerkt.

Von schüchtern bis scheu

Anfang des 19. Jahrhunderts gehörte es sich für eine junge Dame, zunächst vorsichtig auf männliche Annäherung zu reagieren. Selbst, wenn sie nicht eigentlich schüchtern war, zeigte sie sich doch zurückhaltend. Denn im Sturm erobert zu werden, schickte sich nicht in Gesellschaft. Nehmen wir einmal an, sie war wirklich etwas schüchtern, ängstlich darauf bedacht, nicht allzu viel Selbstbehauptung zu zeigen und sich mit ihren Äußerungen nicht zu blamieren. Dass sie im Gegensatz zu ihrer Freundin immer unsicher wirkte, verriet ihre Furcht vor nicht vertrauten Menschen. Solcherart „stille Wasser" sind dabei sehr sensibel und können sich gut in andere hineinversetzen, bestens geeignet fürs Mütterchen am Herd.

Anders hingegen tritt heute eine Politikerin auf und verkündet mit fester Stimme ihre Maximen. Sie hat sich zu ihrer gehobenen Position hindurch gekämpft und beweist mit stets sicherem Auftreten ohne Scheu, dass ihre Entscheidungen Hand und Fuß haben.

Ein Mensch, der sich in gewisser Weise vor eigenen Entscheidungen scheut, kann dennoch gut die Befindlichkeit anderer erraten. Er besitzt viele Antennen, die ihm vermelden, wann er Respekt bezeigen oder Rücksicht üben sollte. Da er als zuverlässig gilt, pflegt er gern zu nichts verpflichtende

Freundschaften. Einigermaßen fern von Eigenlob, ist sein Scharfsinn gefragt. Denn er könnte womöglich dem anderen behilflich sein.

Wer sich vermehrt vor Kritik und Ablehnung fürchtet, kann seiner Angst abhelfen, indem er eben kränkende Meinungen einfach nicht persönlich nimmt. Hinhören ja, aber nicht allzu ernst nehmen. Man kann auch einmal einen Schlag austauschen – oder allein bleiben.

Was hat ein Magen mit Humor zu tun?

Der Magen ist der Boss im Bauch. Als wichtiger Teil des Verdauungstraktes liegt er im linken Oberbauch zwischen Milz und Leber. Seine Größe hängt davon ab, wie gefüllt er ist. Zum Beispiel kann er anderthalb Liter Wasser speichern. Auf Vorrat zu trinken, ist allerdings nicht möglich. Seine Hauptarbeit besteht darin, Nahrung aus der Speiseröhre aufzunehmen, sie zu zersetzen und in den Dünndarm weiter zu leiten, wo sie verdaut wird.

Wenn der Magen hörbar knurrt, hat er Hunger. Böse Stimmen behaupten: Im Gegensatz zum Gehirn meldet er sich, wenn er leer ist. Wem aber etwas im Magen liegt, der hat augenscheinlich ein Problem. Man kann sich den Magen auch an zu schwerer Kost verderben. Viel erfreulicher ist es, wenn die Liebe durch den Magen geht. Dort fühlt sie sich richtig wohl, was für die Kochkünste der Hausfrau spricht.

Ein bevorzugtes Fleischgericht von Altkanzler Helmut Kohl war der Pfälzer Saumagen. Dieses Nutztier mit drei Buchstaben bezeichnet das gewöhnliche Hausschwein. Dessen gereinigter Magen dient als Hülle für eine pürierte Füllung aus Hackfleisch, Brötchen, Zwiebeln, Eiern, Kartoffeln, Kräutern und Gewürzen. Nach drei im Backofen verbrachten Stunden wird das Gericht in Scheiben geschnitten und serviert.

Die Botschaft, dass das Schwein seit jeher als Glücksbringer gilt, hat sich bis zum Magen durchgesprochen. „Schwein gehabt“, wünscht man da nur dem Genießer..

Was man alles erben kann

Wenn sich in einer engeren Familie ein Sterbefall ankündigt, gewinnt Opas schon vor geraumer Zeit verfasstes Testament an Bedeutung. Oma weiß natürlich Bescheid, aber sie verrät nichts. Sie hat sowieso den plötzlichen Tick, Italienisch zu lernen. Insgeheim überlegen die mündigen Familienmitglieder, mit welcher Hinterlassenschaft sie rechnen dürfen. Ist es das Haus, ein sogar nennenswertes Vermögen, ein Grundstück oder vielleicht nur der bald herrenlose Dackel?

Im Familienkreis überlegt man, wie man Oma das Geheimnis entreißen kann. Opa wird schon seine Frau, seine drei erwachsenen Kinder und die sechs Enkel bedacht haben. Nicht zu vergessen, seine nie zu stillende Leidenschaft für Einzelstücke bei renommierten Modelleisenbahnen. Die sind ja nun sicher etwas wert. Für einen erklecklichen Nachlass wird es wohl reichen.

Nachdem der Achtzigjährige schließlich das Zeitliche gesegnet und ein würdevolles Begräbnis erhalten hat, geht es bei den Angehörigen ans Eingemachte. Vor allem seine erwachsenen Kinder behaupten ihr Recht, sprechen sie als Eltern doch auch für die eigenen Nachkommen im Schulalter. Da man die wichtige Angelegenheit schon aus Altersgründen mit der ungelenken Oma nicht besprechen kann, wollen sie sich mit einem Anwalt beraten.

Wie groß aber ist dann die Überraschung, dass es ein Testament gar nicht gibt. Das hat Opa schlicht vergessen und noch seiner Gemahlin genehmigt: „Du kannst alles verkaufen.“ Oma aber ist verreist, vor Kummer, wie sie telefoniert.

Noch erheblicher ist die Überraschung, dass von Bargeld nicht mehr die Rede und das alte Haus noch abzuzahlen ist. Für die Mini-Lokomotiven und ihre Luxuszüge interessiert sich kein Mensch. In der Familie kommt der Verdacht auf, dass Oma am besten über das vermutete Vermögen Bescheid weiß. Schließlich hat sie sich auf Sizilien dauerhaft in einer Villa am Mittelmeer eingemietet. Und das liegt weit weg.

Warum hat man nicht ehrlich mit ihr gesprochen? Und dann auch noch das Anwaltshonorar! Außer Schulden alle Träume futsch – eine solche Erbschaft ist absolut nicht willkommen.

Wem das Herz in die Hose rutscht

Unser Lebensmotor ist das Herz. Kein Wunder dass es so viel besungen wird. Ob wir es auf dem rechten Fleck oder auf der Zunge haben, ihm einen Stoß geben oder es vor jemandem ausschütten -- es bleibt der Mittelpunkt unseres Körpers. Bei einem gesunden Erwachsenen schlägt es rund siebzig Mal pro Minute, um den Körper ausreichend mit Blut zu versorgen. Pro Tag pumpt es bis zu zehntausend Liter durch die Adern. Auf die Jahrzehnte gerechnet, kann sich kaum ein Motor mit ihm messen.

Mit ähnlichem Namen, allerdings auf ganz anderem Gebiet, machte ein junger Wissenschaftler von sich reden. Der Physiker Heinrich Rudolf Hertz entdeckte 1886 die elektromagnetischen Wellen und konnte sie in zahlreichen Experimenten nachweisen. Damit schuf er zwar die Grundlagen für Radio- und Fernsehübertragungen, konnte selbst aber niemals Sport gucken. Diesem Professor zu Ehren werden mit seinem Namenskürzel „Hz" heute Frequenzen und Tonhöhen von Schallwellen definiert.

Was wiederum den menschlichen Körper betrifft, ist das Herz schlichtweg d a s Zentrum für Gefühle. Wenn man liebt, so mit ganzem, ja vollem Herzen. Dabei darf es weder brechen noch zerreißen. Man kann sich auch etwas zu Herzen nehmen, kann es sogar verlieren. Auf keinen Fall sollte man aus ihm eine Mördergrube machen. Sonst läuft es einem mit dem Kopf davon. In Gedichten reimt sich unverdrossen auf das Herz der Schmerz.

Wenn dies kostbare Stück jedoch vor Angst oder Kummer in die Hose gerutscht ist – wie kommt es da wieder heraus? Dann sagt der Kopf: „Das Leben muss weiter gehen! Hör auf dein Herz, du schaffst das!“

Wem eine Laus über die Leber läuft

Die Leber ist nicht nur das größte, sondern auch eines der wichtigsten Organe in unserem Körper. Als Entgiftungszentrale baut sie schädliche Stoffe ab. Außerdem sorgt sie für den richtigen Zuckerwert im Blut und bildet Cholesterin. Alkohol genehmigt sie nur in kleinen Mengen, grünen Tee und Tomatensaft hingegen reichlich. Über vier Tassen Kaffee am Tag freut sie sich immer. Grapefruit, Artischocken, Avocados und Chicorée sind ihre Lieblinge.

Über Alkohol müssen wir nun aber mal frei von der Leber weg reden: Zu viel des Guten spült zwar den Kummer fort, besser klingt jedoch: „Heute trinke ich mal Wasser, um meine Leber zu überraschen." Wer sich dennoch einen Schluck mehr als erlaubt gönnt, behauptet stolz: „Zwischen Leber und Milz passt noch immer ein Pils." Besserwisser halten dagegen: „Was früher unsere Leber war, ist heute eine Minibar."

Wie aber reagieren, wenn einem eine Laus über die Leber läuft? Die Ärmste hat ja keine Ahnung, was ihr da alles passieren kann. Entweder ertrinkt sie im Alkohol, oder sie bleibt an der Fettleber kleben. In die Galle überlaufen sollte sie keinesfalls. Da spuckt sie bald selber nur Gift. Und das wäre bei einem so harmlosen Tierchen nur schade.

Wer es gemütlich mag, regt sich nicht selber so weit auf bis die anderen ihn aufregen. Eulenspiegel rät „Friede, Freude, Eierkuchen." Darüber hinaus: Wein schützt – Bier schadet.

Wem lacht das Glück?

„Glücklich ist, wer vergisst, was nicht mehr zu ändern ist…“ Dieser Schlager aus den dreißiger Jahren des vorigen Jahrhunderts sieht jeglichen Glückszustand eher skeptisch an. „Himmelhoch jauchzend…“ entspricht ihm schon eher, „zu Tode betrübt…“ aber formuliert den kompletten Gegensatz dazu. Wenn man einmal davon ausgeht, dass das Glück gern lacht, dann heulen Unglück und Pech umso mehr. Zum Glück gibt es außer dem großen auch noch das kleine Glück. Wer es in der Hand hält wie einen bunten Kiesel, wird es sorgsam hüten. „Jeder ist seines Glückes Schmied…“, betont die Eigenständigkeit, was man selbst dazu tun könnte.

Glück ist eher ein Abstraktum. Jeder empfindet es anders, je nach der Situation, wie es ihm begegnet, sei es in der ersten Liebe, in einem Lottogewinn oder bei einem Unfall heil davongekommen zu sein. Dieser Ausnahmezustand lässt sich nicht planen. Das Glück kommt meistens überraschend daher. Darum ist es auch so kostbar. Selbst wenn es sich leise verabschiedet hat, hinterlässt es die Erinnerung, dass es einmal da war.

In gewissen Augenblicken darf sich jeder Mensch einmal einen „Glückspilz“ nennen. Er kann es leider nicht dauerhaft bleiben. Denn manchmal sitzt das Pech schon im Anschlag. Ein glücklicher Zufall wiederum kann vieles bessern. Ein Hilfsmittel, wie wir uns erlebtes Glück wieder vor Augen rufen können, liegt darin, das Unglück anderer Menschen zu begreifen. Dann weiß man auch die bedeutungsloseren Etappen des eigenen Lebens richtig einzuschätzen.

Glück – dieser federleichte Luftballon steigt in den Himmel wie eine weiße Wolke. Wenn wir es gefunden haben, können wir es nur schwer halten. Glück ist etwas, das wir uns sehnlich wünschen. Bis wir es begriffen haben, ist es auch schon davon geeilt. Aber wir haben von ihm gewusst, wir haben es besessen. Es gehörte uns wie ein Duft, und es hat uns reicher gemacht.

Wenn eine Leberwurst beleidigt ist

Wie gerät eine Leberwurst in so eine miese Verfassung? Wer könnte sie durch eine unfreundliche Behauptung so gekränkt haben? Steht sie doch für einen ausgesuchten Brotaufstrich und soll dazu auch noch schmecken. Die Ärmste muss ihren guten Ruf herhalten, wenn sie für einen Menschen gilt, der sich in seiner Eigenliebe verletzt fühlt.

Eben diese reagiert empfindlich, wenn sich eine Person durch die leidige Äußerung eines anderen in ihrer Würde herabgesetzt fühlt, demnach beleidigt und stinksauer ist. Mangelnder Takt verletzt ihr beachtliches Selbstwertgefühl.

Ein Mensch mit ausgeprägter Empfindsamkeit bezieht erst einmal jederlei Lob und Kritik auf sich. Wenn er sich angefeindet fühlt, wehrt er sich hörbar. Dabei kann es leicht zu einer Überreaktion kommen. Weil allzu sehr mit sich selbst beschäftigt, beweist dies nur seine eigentliche Hilflosigkeit. Vielleicht ist er einsam, sucht Kontakt und trifft allenfalls auf Gleichgültigkeit, was er als Missachtung auffassen muss.

Ein Heilmittel gegen solch laue Gefühlslage wäre, sich persönlich weniger wichtig zu nehmen. Da heißt es nur: Herunter kommen, auch einmal an den anderen denken, Verständnis zeigen! Dann dient man auch nicht mehr als Angriffsziel, ist nicht so leicht gekränkt und viel netter als gedacht.

Also zeigt man, wer man wirklich ist. Und das zeigt Wirkung! Plötzlich wendet sich das Blatt: Man ist sogar ganz interessant. Und eh man sich's versieht, sogar gesucht und auch gefragt. Eine beleidigte Leberwurst – hat's nie gegeben!

Wenn Geschwister zu Rivalen werden

Kinder zu bekommen, ist nicht nur ein Wunsch der meisten Frauen. Es ist auch ihre Aufgabe, die Menschheit zu erhalten. In Familien mit mehreren Kindern spielen besonders Knaben eine Rolle. Auch in der Reihenfolge später geborener Geschwister gibt es Mädchen, die nicht als Randfiguren erscheinen. Allen diesen Kleinsten gemäß ist der Kampf um Beachtung, Liebe und Zärtlichkeit der Mutter.

Wenn aus dieser elementaren Lebensnotwendigkeit der Verstand erwächst, kristallisieren sich bald die kleinen Führungspersönlichkeiten heraus. So kommt es nicht selten dazu, dass Geschwister zu Rivalen werden. Das kann sich offen mit Streitereien, aber auch im Geheimen abspielen mit raffinierten Schachzügen. Je nach Erbanlage taktieren dabei die Geschlechter unterschiedlich. Die Knaben treten bewusst auf, die Mädchen versuchen mit Geschick, sich in Szene zu setzen. Welch andere Vorbilder haben kleine Kinder, als ihre Eltern?

Die ältere Schwester besitzt ein Kästchen mit einem Schloss. Darin bewahrt sie ein Geheimnis auf. Nun ist plötzlich der Schlüssel weg. Niemand weiß etwas. Natürlich hat ihn der jüngere Bruder organisiert, um das Geheimnis zu ergründen. Doch nun ist das Kästchen weg, nämlich unter dem Bett der

Schwester. Auch der Schlüssel liegt plötzlich wieder da. Ob Mama da etwas organisiert hat?

Wenn die Geschwister selbst erwachsen sind, gelten für sie nicht mehr die alt hergebrachten Regeln, wie zum Beispiel für Mädchen: „Sei schön und halt' den Mund!", und für Jungen: „Zeig, dass du ein Mann bist!" Obwohl Frauen physisch ein kleineres Gehirn besitzen als Männer, ermöglichen ihnen Intelligenz und höhere Bildung, mit dem männlichen Geschlecht auf Augenhöhe zu sein. Im Fernsehen posieren bei internationalen Treffen allerdings hauptsächlich männliche Politiker.

In heutigen Gesellschaften beweisen Frauen, dass sie bei wichtigen Entscheidungen des Lebens erstklassige Partnerinnen von Männern sein können. Was in der Kinderstube geübt wurde, trägt später Früchte. Ausnahmeerscheinungen bestätigen dabei die Regel. Als der Super-Intellektuelle Arthur Miller die Sexbombe Marilyn Monroe heiratete, lagen beide auf ungerader Linie.

Und wo bleibt das ehemalige arme Einzelkind? Dereinst erwachsen, sucht es sich einen starken Mann, eine mütterliche Frau – immer jemanden, der mitfühlt. Da wünscht man nur „Fass dir ein Herz!"

Wie der Kritik begegnen?

Von einem Schreiber, der für ein Presseorgan eine Konzert- oder Theaterkritik verfasst, erwartet man ein gerechtes Urteil. Dabei setzt man bei ihm die nötige Bildung und Erfahrung voraus, die öffentliche Vorführung nach möglichen Kriterien zu beurteilen. Tonkünstler und Schauspieler erhoffen sich die zutreffendste Würdigung. Denn sie haben ja ihr Bestes gegeben. Fällt hier eine Kritik negativ aus, kann dies eine vernichtende Wirkung hervorrufen.

Wenn eine Person im Kreis ihrer Mitmenschen positiv beurteilt wird, erntet sie Anerkennung, vielleicht sogar Lob und Wertschätzung. Wen würde das nicht freuen? Im gegenteiligen Fall versucht man, ihr entweder aus dem Weg zu gehen oder sie mit Missbilligung zu treffen. Für „Kritikaster" beginnt das mit Lästern. Schlecht über andere zu reden, steigert das eigene Selbstwertgefühl.

Spätestens hier sollte die Selbstkritik einsetzen. Dieser Begriff aus der Psychologie ist ein Zeichen von persönlicher Reife. Denn man kann für sich und sein Handeln Verantwortung übernehmen. Dabei darf man aber auch mit sich selber wohlwollend nachsichtig sein. Hauptsache, aus Fehlern zu lernen. Durch persönliche Einsicht gestärkt, bemüht sich der eine, dem anderen Verständnis entgegen zu bringen. Dann fällt die Kritik schon freundlicher aus. Was am anderen nicht gefällt – man kann ruhig darüber sprechen.

Wie dumm ist Bohnenstroh?

Wer in dieser Weise beurteilt wird, besitzt gewiss andere Qualitäten. Doch zunächst gilt einmal zu klären, was die mindere Intelligenz von Bohnenstroh ausmachen soll. Ursprünglich ein Anhängsel der Bohne, diente das Kraut der Gemüsepflanze auch als Schlafunterlage für Menschen. In wieweit hier geistiges Erbgut in Genen vorliegt, wurde von der Wissenschaft noch nicht hinreichend erforscht. Namhafte Professoren stehen jedoch kurz vor der Aufklärung.

Warum also bringt man die Bohne in Zusammenhang mit menschlicher Intelligenz? Diese Gehirnfähigkeit erstreckt sich auf breiter Ebene, kann erdverbunden oder himmelstürmend sein. Hierbei lässt sich nicht verhehlen, dass männlicher und weiblicher Verstand unterschiedlich beurteilt werden. Demnach gilt, auch bei der Spezies Bohnenstroh diese Komponente aufmerksam zu beachten. Denn es bestünde der Verdacht, dass bei einem Vergleich die weibliche Seite vorherrscht.

Als Gegenpart von Dummheit gilt Klugheit. Und die ist nicht nur grammatikalisch, sondern auch im übertragenen Sinne weiblich. Wer mit dem Fuß aufstampft und behauptet: „So wird's gemacht!“, muss sich aus dem Schlupfwinkel anhören: „Der Klügere gibt nach.“ Diese Taktik wird meistens von Frauen geübt. Wo wir schon bei jeglicher Hirnleistung sind, mag hier nur der psychologische Unterschied zwischen Intellekt und Intelligenz angemerkt werden. Letztere macht Frauen fähig zu denken. Bei den Herren der Schöpfung setzt der Intellekt das Erwerben von Wissen und Erkenntnis in Gang. Beste Grüße vom Mars!

Zum Glück wird unser schöner Planet nicht nur von Intellektuellen bevölkert. Dazwischen mogeln sich hier und da schwächere Geister, die etwas mitbringen, was den Superhirnen oft fehlt, nämlich herzliche Güte. Solcherart glückliche Menschen sind sehr zu schätzen, denn sie wissen kaum, was sie tun und ecken nicht gern an. Das Böse ist ihnen am liebsten fremd.

Abschließend bleibt festzustellen: Das Bohnenstroh ist gar nicht so dumm. In früheren Zeiten machte es erfolgreich dem teureren Getreidestroh Konkurrenz. Heute schläft es sich weit besser auf Federn.

Wie gerecht ist die Gerechtigkeit?

Es gäbe kein Recht, wenn das Unrecht nicht parat stünde. Sonst lebten wir alle in einem Land ohne Neid und jegliche Missverhältnisse, in dem der Arme nicht mehr arm bleibt und der Reiche nie reicher wird. Nun ist der Mensch so geschaffen, dass er Missverhältnisse abschaffen möchte, um bessere Zustände zu erhalten. Womit wir schon bei der Frage nach mehr Gerechtigkeit sind.

Eben diese „erwartet keine Belohnung“, stellte schon Cicero fest. Schlimmer noch, sie bekommt nicht immer Recht. Man bräuchte geradezu eine Lupe, um die sprachlichen Finessen ausfindig zu machen. Denn es heißt ja auch: Allzu gerecht tut unrecht. Die Gerechtigkeit ist auch ein zweischneidiges Schwert.

Eine Mutter wird immer darauf bedacht sein, die Nahrung unter ihren Kindern je nach deren Bedürfnissen gerecht zu verteilen. Steckt sie etwa nur einem zusätzlich mehr Brot und Liebe zu, erleben die Geschwister eine derartige Ungerechtigkeit als scharf und bitter. So befand es der englische Dichter Charles Dickens.

Gerechtigkeit hat auch etwas mit Freiheit zu tun. Der Gerechte fordert diese für alle, der Ungerechte nur für sich allein. Schon stellt man innerlich die Ohren auf. Damit wäre ja die Gerechtigkeit verletzt und einem solcherart durchgesetzten Diktat Tür und

Tor geöffnet. Als Beispiel könnte gelten, wenn eine Betreiber-Gesellschaft eine Leistung vom Konto abbucht, die gar nicht erbracht worden ist.

Aus philosophischer Sicht sorgt die Gerechtigkeit für weniger Streit unter den Menschen und fordert für jeden das Gleiche. Jemandem gerecht werden bedeutet, ihn richtig zu beurteilen. Die Gerechtigkeit regelt die Beziehung von einem zum anderen Menschen. Damit zählt sie neben Klugheit, Tapferkeit und Maßhaltung zu den vier Kardinaltugenden. Hier nicht nur denken, sondern handeln!

Wenn jeder bekommt was ihm zusteht, haben wir den Himmel auf Erden.

Wo sind die Leute?

Der deutsche Arbeitsmarkt ächzt. Wo sind die Arbeitnehmer? Alle Welt redet nur vom Fachkräftemangel. Früher hatten doch die meisten, die arbeiten wollten, eine Berufsausbildung und Arbeitsstelle. Heute reisen unsere Politiker in tropische Länder, um Arbeitswillige zu gewinnen. Dort ist man auch mit weniger einträglichen Positionen zufrieden. Besonders junge Frauen sind gefragt. Übernehmen die doch gern häusliche Beschäftigungen, in denen hierzulande fast jede Frau herkömmlich geübt ist. Von Reinigungskräften und Altenpflegerinnen verlangt man keinen Universitätsabschluss.

Dennoch möchten auch sie gut bezahlt werden. Schließlich verlassen sie ihr Heimatland in der Hoffnung, kriegerischen Auseinandersetzungen zu entgehen und besser gestellt zurückzukehren. Die jeweils fremde Sprache lässt sich auch nebenbei erlernen.

In unserem Land hört man von Frauen, die ihre Kleinstkinder in Krippen und kommunale Einrichtungen in Obhut geben müssen, damit sie weiter arbeiten können. Für allein erziehende Mütter geht es dabei um Lohn und Brot. Für besser situierte Frauen zählen Karriere und Status.

Traditionell sorgen Männer für sich und ihre Familien. In jeglichen Berufen sind sie auf dem Arbeitsmarkt noch in der Überzahl. Manche arbeiten sogar über die Altersgrenze hinaus, weil ihnen das wert ist. Doch in vielen Berufssparten wie Handwerk und Verwaltung zeigt sich ein Dilemma: Lehrstellen bleiben unbesetzt. Die jungen Leute können oder wollen sich nicht entscheiden. Wer möchte sich heute noch abschuften, Industriearbeiter, Landarzt oder Lehrer werden? Da bleibt man doch lieber zu Hause und lässt es sich gut gehen. Vater Staat zieht die Stirn kraus. Wer soll das auf Dauer bezahlen?

Die Frauen sollen es richten. In Top-Positionen zu Top-Einkünften könnten sie die Steuern aufbessern, damit Politiker nicht mehr in Fernost oder –süd nach willigen Arbeitskräften Ausschau halten müssen. Auch Jungmänner zu Hause werden älter. Mit Vierzig noch Azubi? Und was wird mit jenseits der Achtzig?

Über den Humor

„Humor ist, wenn man trotzdem lacht." Eine solche Erklärung trifft den Nagel nicht auf den Kopf, sondern genau daneben. Sollte sie stimmen, hieße das ja, ein derartiger Humor sei entweder geistlos oder langweilig, vielleicht fehlte ihm sogar der Witz.

Denn der ist mit dem Humor wie Zwillinge verbrüdert. Ein humorvoller Mensch nimmt sich selbst nicht so wichtig. Neben gelegentlicher Selbstironie besitzt er Güte, die wiederum eine Angelegenheit des Herzens ist. Wer mitfühlt, sieht viele Dinge eher positiv als negativ. Auch die Ergebenheit in das persönliche Schicksal spielt eine Rolle. Die Engländer sprechen von good humour. Der scheint also grundsätzlich von positiver Natur zu sein. Er paart sich gern mit einem Geist, der gut gelaunt daherkommt. Sogar in schwachem Witz schwingt etwas von Hoffnung mit.

Ein gesunder Humor, der Probleme mancher Art schmunzelnd auf die Schippe nimmt, verdient das befreiende Lachen. Denn er lässt Raum für Großzügigkeit, Verzeihen und seelische Kraft. Danach wiegen Sorgen nicht mehr so schwer. Mehr Leichtigkeit ist angesagt. Wer sich allerdings über andere Mitmenschen amüsiert, kann nur mäßigen Erfolg erwarten. Überheblichkeit und Häme sind nicht witzig, haben nichts mit Humor zu tun. Der

Galgenhumor hingegen hat den Witz schon verabschiedet. Er dient nur noch als letzten Trost.

Humor lebt meist von durchschaubaren Übertreibungen, darf auch gern etwas frech sein. Hinter dem Scherz versteckt sich der Ernst. Solcherart Komik wirkt noch deutlicher, wenn sie durch Worte erkennbarer gemacht wird, je freundlicher, umso besser. Zum Lachen reizen auch Wortschöpfungen aus Dialekten oder Situationen, wenn etwas ganz und gar Ungewöhnliches geschieht. Auf jeden Fall ist Humor gern willkommen. Die Miesepeter sollten sich etwas davon abkupfern.

Was weiß denn nun die Fliege?

„Da bist du ja wieder“, stellt Gudrun fest und fasst den kleinen schwarzen runden Punkt an einer Wandkachel des Bades ins Auge. Schon gestern hat sie die winzige Fliege entdeckt und sie bei sich Ida genannt. Es scheint aber, dass die sich überhaupt nicht bewegt. Ist das Fliegenbaby etwa tot? Vorsichtig streift sie nah über das Tierchen. Und siehe da! Ida fliegt fort.

Durch die offene Tür ist sie ins Schlafzimmer entwischt und lässt sich an der weißen Tapete über dem Kopfkissen des Bettes nieder. Gudrun wird nachdenklich. Genau das hat sie ja schon einmal beobachtet. Ida scheint Helligkeit zu lieben. Oder sucht sie Nähe, will mir vielleicht etwas sagen? Gudrun setzt sich aufs Bett, nähert sich dem Winzling.

„Was gefällt dir an mir, dass du mir immer wieder nahekommst? Willst du mich etwa verfolgen?“

Ida bewegt sich ganz leicht, erhebt sich und lässt sich einfach auf einer Hand nieder. Braucht sie vielleicht Wärme? Gudrun betrachtet sie, erkennt sogar kaum sichtbare Beinchen. Als sie das Tierchen abschüttelt, landet es auf dem Kopfkissen. Schon soll es endgültig vertrieben werden – da fasst sich Gudrun erschrocken an den Kopf: Was, wenn Ida einmal ein anderes Wesen war, vielleicht ein Vogel? Ein Pelztier? Sogar Helmut!? Plötzlich überlegt sie, ob der sich nach seinem Lebensende verwandelt habe, ob er etwa in anderer Gestalt versuche, sich ihr wieder zu nähern? Ihr Mann ist vor einem Jahr verstorben. Und heiß fällt ihr ein: Heute hätte er Geburtstag gehabt.

„Bist du Helmut?“ stößt sie hervor. Der Winzling schweigt.

Gudrun erhebt sich, blickt aus dem Fenster, wo am Himmel zartrosa Wolken den Morgen ankündigen. Entschlossen öffnet sie es, hofft insgeheim, dass Ida ihrem Wunsch folgen möge. Doch die hält sich am Vorhang fest, ist noch nicht bereit, so einfach entlassen zu werden. Also schließt Gudrun das Fenster.

Da nun einmal die Vergangenheit von ihr Besitz ergriffen hat, lässt sie in Gedankensprüngen ihre Jahrzehnte währende Ehe passieren, ruft sich den lieben Gefährten wieder vor Augen, die schönsten gemeinsamen Erlebnisse, die kleinen und großen Freuden, selbst größten und kleinsten Kummer. Nun ist sie Witwe, allein mit sich selbst. Und staunt: Denn sie ist geblieben, was sie immer war – ihr eigener Mensch.

Inzwischen hat Ida ihren Platz gewechselt und sich an die Glasscheibe geheftet. Draußen scheint es doch schöner zu sein. Gudrun tut ihr den Gefallen und öffnet das Fenster erneut. Und Schwupp, ist Ida fort. Obwohl zwei Augen ihr nachblicken – die Erinnerungen bleiben zurück.

„Du musstest nicht antworten, aber ich habe dich schon verstanden“, flüstert Gudrun. „Flieg nur zur schönsten Blume und besuch mich gern wieder!“

Deutsche Sprack – schwere Sprack

„Es war, als hätt' der Himmel, die Erde still geküsst, dass sie im Blütenschimmer von ihm nun träumen müsst."

Bei solch sprachbildnerischer Schönheit kann man sich nur die Fingerspitzen küssen. Diese liebevollen Worte fand Joseph von Eichendorff in seinem Gedicht „Mondnacht". Damit hat der lyrische Romantiker der deutschen Sprache ein unwiederbringliches Denkmal gesetzt. In der heutigen Zeit zeigt sich Lyrik meist weniger gefühlsbetont. Im öffentlichen Leben wie auch in der Politik geht es sprachlich eher um Klarheit und Fakten.

Im Ausland wird die Ausdrucksweise des deutschen Beamtentums mit ihren vielen Substantiven oft belächelt. Nicht nur den Franzosen klingt unsere Sprechweise voller Konsonanten wie Holzhacken im Ohr. Die leichter zu formulierenden Vokale sind deutlich in der Minderheit. Sprache und Wortschatz verändern sich ständig. Historisch gesehen, wird um das Jahr 1000 in den „Merseburger Zaubersprüchen" auf Althochdeutsch berichtet:

„Phol ende Wodan worun zi holza, du wart demo Balderes volon sin vuoz birenkit" (Phol und Wotan fuhren in den Wald. Da wurde Baldurs Fohlen am Fuß verletzt.) Wenn Kinder in der Grundschule die Kommasetzung erlernen, erklärt die Lehrerin: „Wir essen Oma." Die schmeckt aber nicht.

Den wohl größten Wortschatz der Welt besitzt mit etwa siebenhundertfünfzig Tausend Begriffen die englische Sprache. Was hier zum Beispiel ein Zungenbrecher vermag, sei scherzhaft angemerkt: „The sixth sick sheikh's sixth sheep is sick." (Des sechsten kranken Scheichs sechstes Schaf ist krank.) Die deutsche Sprache kann hier nur mit rund fünfhunderttausend Wörtern dagegen halten. Laut Guinessbuch der Rekorde bringt es die verwaltungstechnische Bezeichnung „Donaudampfschifffahrtselektrizitätenhauptbetriebswerk" mit den zweiundfünfzig Schriftzeichen immerhin zum längsten Wort unserer Sprache. Ihr kürzestes lautet nur O als Ausdruck der Verwunderung.

Während in französischen und italienischen Ohren das Deutsche sperrig, vielleicht sogar hässlich klingt, hört sich deren Sprache für uns weit musikalischer an. Doch sollten wir hier nicht zu streng mit der germanischen Ausdrucksweise umgehen! Denn ganz ohne Vokale kommt auch sie nicht aus. So besitzt das nette Wörtchen „beieinander" deren gleich sechs und die seltenere „Prärieauster" immerhin fünf Selbstlaute. Für eine gewisse Sehschärfe spricht der Satz: „Dreh mal am Herd!" Denn den kann man umgekehrt rückwärts lesen.

Spielerischer gestalten sich Synonyme wie Lampe und Palme, Mehl und Helm: Buchstäblich durcheinandergewürfelt, ergeben sie die gleiche Bedeutung.

Dann gibt es bei uns ja noch die unterschiedlichsten Dialekte. Dabei gelten Sächsisch und Berlinerisch als eine Wissenschaft für sich. Im hohen Norden s-t-ößt man sich an einem s-p-itzen S-t-ein. Im Süden kursieren auf Bairisch und Schwäbisch ganze Wörterbücher von

„I mog di“ bis „Pfiat di!“ Und grüßend: „Sagsch deim Vaddr a schees Griaßle!“ Zu guter Letzt lautet zum Münchner Oktoberfest süffig der Eröffnungsspruch: „O‘zapft ist.“

Liebedienerei

Sie ist nicht zu verwechseln mit Liebesdiensten. Denn letztere beweisen bei Menschen freundliche Hilfsbereitschaft, etwa das Nachtragen von einem beim Besuch vergessenen Kleidungsstück. Auch wenn man einer gebrechlichen Person bei täglichen Verrichtungen hilft, zwischen zwei Kontrahenten Streit schlichtet, sogar eine gefährdete Existenz absichert, bewährt sich eine solch positive Charaktereigenschaft. Der uneigennützigen Liebesdienste gibt es viele.

Anders verhält es sich hingegen bei einem extra herbei gesuchten Freundschaftsbeweis. Wer eine andere Person bewundert und deren Aufmerksamkeit erreichen möchte, gibt sich ihr gegenüber betont mitfühlend. „Geht es Ihnen heute wieder besser? Was kann ich sonst noch für Sie tun? Lassen Sie nur, ich kümmere mich schon darum.“ Derartige Floskeln können wie Schlüssel wirken, um dankbare Aufmerksamkeit zu erregen.

In früheren Zeiten gehörte an fürstlichen Höfen die Liebedienerei zum selbstverständlichen Umgangston für guten Erfolg. Niedriger gestellte Personen bedienten sich der Schmeichelei, um bei der Herrschaft ihre Ziele besser zu erreichen. Je mehr man seine Liebe dem Fürsten andiente, umso vorteilhafter für einen selbst. Man drehte eben sein Fähnchen nach dem Wind.

In demokratischeren Zeiten gilt jedoch: Wer es mit Hilfsangeboten geradezu übertreibt, kann die verehrte Person auch nerven. Die nämlich zieht sich dann mehr zurück. Auch wenn man nicht darüber spricht - ein inneres Gefühl warnt davor, dass übertriebene Hilfsbereitschaft nicht ganz ehrlich gemeint ist. Wer immer und überall Hilfe leistet, bedarf seines Gefühls des Gebrauchtwerdens.

Niemand kann sein Fähnchen nach dem Hauch eines Widerstandes drehen.

Wollen Sie geholfen werden?

Diese grammatikalisch unbeholfene Frage wird oft von Menschen gestellt, die im deutschen Sprachgebrauch unsicher sind. Die Absicht ist jedoch lobenswert. Oder könnte sich dahinter noch anderes verstecken? Ein Rollstuhlfahrer, der sich bei einer Steigung abmüht hinaufzukommen, ist dankbar für jemanden, der ihn anschiebt. Wenn dieser Helfer männlichen oder weiblichen Geschlechts jedoch bei jeder sich nur bietenden Gelegenheit anderen gern hilft, stimmt etwas nicht mit ihm. Dazu wird ihm leider all zu oft abgewinkt: „Danke, das kann ich selbst!"

Dabei drängt es Konrad stets, anderen zu helfen. Er möchte ja beachtet, geliebt, gelobt und gebraucht werden. Bei einem Schulterklopfen allein soll es nicht bleiben. Deshalb also helfen, wo es nötig ist! Insgeheim darum, weil das eigene Selbstwertgefühl schwächelt.

Die Psychologie geht hier klar zur Sache: Konrad leidet zunehmend unter einem Helfersyndrom. Und das zu untersuchen, wird leider etwas kritischer. Aus Kindertagen schleppt er die Ermahnung mit sich herum, dass man Schwächeren helfen und dafür eigene Bedürfnisse zurückstellen solle. Zwar verursacht ihm später seine Hilfsbereitschaft das angenehme Gefühl von moralischer Überlegenheit. Damit bedient er unwissentlich seine Egozentrik. Je mehr er aber auf Ablehnung seines Bemühens stößt, umso stärker fühlt er sich missverstanden und als Opfer. Diese Rolle erträgt er, indem er immer wieder seine Hilfe anbietet. Denn so steht er im Mittelpunkt.

Besser für Konrad wäre, er könnte einmal sein eigenes Befinden hinterfragen. Geht es ihm ohne Hilfe für andere innerlich weniger gut, muss er ja nicht Kummer erleiden. Vielmehr sollte er eigene gärende Probleme zu lösen versuchen, sich auf eigene Qualitäten und damit einen besseren Erfolg besinnen. Selbstmitleid oder Lästern über andere - passé. Man ist doch schließlich wer, besitzt Eigenverantwortung und durchaus Willenskraft! Wie uns das Leben auch begegnet -- wir können tapfer darauf reagieren.

Wurst ist nicht Wurst, aber der Hans

Im Telefonbuch wird man ihn nicht finden, wohl aber als bäuerliche Witzfigur in einer Stegreifkomödie des 16. Jahrhunderts. Seinen Namen hat sich der Spaßvogel vom ältesten Nahrungsmittel der Welt hergeliehen. Denn bereits vor fünftausend Jahren genossen Ägypter, Syrer und Chinesen diese gemischte und meist gebratene Leckerei.

Womit wir bereits bei der Wurst als solcher sind. Der derb-komische Hans hat gewiss herzhaft von ihr abgebissen, vereint sie doch nahezu alle tierischen Innereien, die nicht offen ausliegen. Diese werden so lange gedreht, vermengt, gerollt und gewendet, bis sie die bekannte abgerundete Form in der Pelle annehmen. Was uns die Bockwurst verrät, hat dieses Erzeugnis dem bayerischen Hans zum Bockbier besonders geschmeckt.

Wie der Hans zur Wurst kam, geht daraus hervor, dass er nicht unbedingt zu den Schlauesten zählt, wohl aber gern herum kaspert, Schabernack und Narretei treibt. Auch solcherlei Können verlangt Köpfchen. Das bewahrt den Hans leider nicht davor, dass manche ihn auch für einen dummen August, sogar Nichtskönner und Verlierer halten. Das beweist schon seine Fress- und Trunksucht sowie seine Lüsternheit dem weiblichen Geschlecht gegenüber. Dann trägt er zur roten Jacke auch noch eine zu kurze gelbe Hose! Immerhin gelingt es unserem Hans, dass sein Publikum herzhaft über ihn lacht.

Die Hanswurstiade geht jedoch weiter. Sorgt sie doch für einige sprichwörtlichen Redewendungen: Wer sich die Wurst vom Brot nehmen lässt, nimmt etwas widerstandslos hin. Bleibt die noch darauf, weckt das sogar Widerstand. Wem aber etwas Wurst ist, der verhält sich einer Sache gegenüber nur gleichgültig. Wenn es jedoch um die Wurst geht, dann hat man alle Hände voll zu tun, die richtige Entscheidung zu treffen. Herumwursteln allein hilft nichts. Von einem Würstchen ist gar nicht die Rede.

Da Hanswurst nur ein kleiner Philosoph ist, freut er sich über gescheiteren Beifall.